Atreveix-te a pensar

Obertures, 2
Col·lecció dirigida per Salvador Cardús

Josep-Maria Terricabras

ATREVEIX-TE A PENSAR

La utilitat del pensament rigorós
en la vida quotidiana

La Campana

1a edició: febrer de 1998
12a edició: març de 2010

Muntaner, 248, 1r, 2a
08021 Barcelona
Tel.: 93 453 16 65 / Fax: 93 451 89 18
www.edicionslacampana.cat

Disseny coberta: Helena Batet

ISBN: 978-84-88791-56-6
Dipòsit legal: B. 13.255 - 2010
Fotocomposició: EdiGestió (Barcelona)
Imprès a Romanyà/Valls. Capellades (Barcelona)

«Allò que també el lector pot fer,
deixa que ho faci el lector.»

LUDWIG WITTGENSTEIN

1

Per començar

1.1. Invitació a la complicitat

Aquestes pàgines no són un manual amb teories i doctrines. Ben mirat, tampoc no són un assaig convencional. I és que no volen només assajar opinions i idees, sinó que volen sobretot invitar a l'assaig. Els pensaments exposats aquí pretenen estimular la cooperació intel·lectual del lector. Això, és clar, reclama una certa complicitat, que, d'entrada, ja existirà si el lector s'ha plantejat pel seu compte algunes de les coses que aquí es discuteixen. No es tracta, però, de complicitat en els resultats, sinó en la recerca, no en els pensaments fets, sinó en el procés de pensar. És una complicitat d'estil, de tarannà, de manera de fer, com la que hi ha d'haver en un taller, en un obrador o entre els amants d'anar a muntanya.

Com que el llibre vol crear un clima que afavoreixi el pensament democràtic, també es podria dir que cada capítol és una manera diferent de picar l'ullet al lector. I és que, darrere el llibre —i travessant-lo de cap a cap—, hi ha les ganes de promoure una determinada manera de pensar, que s'oposa a l'obscuritat però també a la superficialitat i que, per tant, està decidida a fer bandera, alhora, de la claredat i del rigor. El llibre no pretén dir a ningú què ha de pensar. Sobretot vol mostrar com es podrien plantejar algunes coses, encara que, de tant en tant, inevitablement, també defensi certes posicions.

1.2. Des de l'experiència

Un llibre mai no pot saltar del tot la distància amb el lector perquè el llibre mateix fa de barrera. Per això, quan es vol crear un clima de complicitat, l'autor ha de fer el primer pas. En aquestes pàgines plantejo qüestions i pensaments que, sense ser trivials, tenen connexió amb situacions i experiències de la vida quotidiana. Com que no és un llibre destinat als acadèmics, sinó als ciutadans, tampoc no té cap pretensió d'erudició. Es tracta de notes pensades en privat o en veu alta, notes escrites per afavorir que aquestes —i altres— coses també es pensin en privat i en veu alta.

Del pensar atent i reflexiu sobre la realitat, hi ha qui en diu «fer filosofia». Recordem l'estrofa inicial de Lletania, cançó interpretada per diferents membres dels Setze Jutges: «Tot canvia, res canvia / mira el tren, mira la via. / Si t'ho penses i bé observes, ja sabràs filosofia.» No tinc res contra aquesta manera de parlar —ni, de fet, contra cap altra—, mentre no ens desorienti. Si algú es pensa que observant la vida ja sabrà tota la filosofia que es pot saber, aquest s'equivoca. I és que observar la vida tampoc no és una activitat tan simple com sembla: hi ha qui es passa la vida observant sense ni veure ni entendre gaire res. És cert, en canvi, que l'observació atenta i reflexiva de la vida quotidiana és el camí més natural, més a l'abast, per entendre i per entendre's. I estic d'acord que, en darrer terme, és aquesta comprensió del món i de la vida allò que més importa. Això és justament el que aquest llibre vol afavorir. Segurament que també era aquest el missatge que se sentia pels altaveus d'un local del Barri Llatí de París. La lletra —acompanyada d'una música molt frívola en dies de força fred— feia així: «*Philosophie, philosophie, philosophie, il faut comprendre, comprendre la vie.*»

1.3. Pensar amb rigor

Del fet que tots pensem, no en podem pas concloure que tots som filòsofs. Tal com no tots som economistes o psicòlegs encara que hàgim de fer números constantment o que ens hàgim d'esforçar per entendre les reaccions dels amics i, fins i tot, les pròpies. Del fet que tots pensem, més aviat en trec una altra conclusió: que ens convé disposar d'instruments i d'ajuts per pensar millor, perquè, si no, massa sovint ens trobem simplement abandonats al nostre propi enginy, que mai no és infal·lible i que de vegades no és prou autocrític.

Aquest llibre, doncs, ni vol *ensenyar a pensar*, ni vol *introduir en el pensar*, perquè tothom que obri aquest llibre ja en sap de pensar. Des d'aquí més aviat es vol estimular el pensar de cadascú i ajudar en el camí, no sempre fàcil, de pensar amb rigor.

El to general que informa aquestes pàgines es pot insinuar, doncs, amb dues observacions breus. La primera és que el llibre està més interessat en l'examen d'*argumentacions* que no pas en la defensa de doctrines o d'idees. Si volem aclarir els pensaments que tenim —siguin els que siguin—, hem de donar molta importància a la manera d'expressar-los: si no els expressem correctament, ni nosaltres mateixos no sabem ben bé què pensem; i és que els pensaments es fan *visibles* en les diverses maneres de ser expressats. En consonància amb aquesta primera observació, la segona també és ben simple: el llibre està més interessat en una *reflexió útil* que no pas en la utilització de la reflexió com a excusa per a divagacions teòriques i abstractes.

A fi de subratllar aquests dos objectius —el rigor en l'argumentació i la utilitat del pensament—, el primer apartat de cada capítol formularà una pregunta que ajudi a centrar el tema i que serveixi de fil conductor del capítol. El lector, si vol, pot mirar de contestar la pregunta pel seu compte abans de continuar la lectura. La resta del capítol, però, també li ofereix pistes de resposta. Són pistes que no van pas només en una sola direcció: com que sobretot es vol estimular la reflexió, el text més aviat s'entreté a proposar i subratllar aspectes que, en les reflexions privades, acostumen a passar molt desapercebuts.

Els capítols poden ser tractats de manera independent i, si es vol, desordenada. Tanmateix, vistos en conjunt, conviden a una reflexió cada vegada més complexa. La complexitat no es podrà descobrir només quan es passi d'un capítol a l'altre, sinó també si alguna vegada es reprèn un mateix capítol. I és que *el pensar és més una exigència que una meta*. De fet, és un mai acabar. Com l'enraonar.

2

Jo i els meus pensaments

El descobriment del Jo és un descobriment important en la vida de tots i també un descobriment molt important en el pensament occidental. No oblidem que termes com «consciència», «subjectivitat», «llibertat», «voler» o «responsabilitat» no tindrien el sentit que tenen si no fos per la importància decisiva que donem al jo de cadascú. (És clar que parlar «del jo de cadascú» ja és una mica tendenciós, perquè sembla insinuar que podem distingir entre «jo» i «cadascú», com si «el jo» fos quelcom molt a l'interior de «cadascú», com si en fos el nucli. I potser són termes simplement sinònims. És una qüestió que convé pensar sense precipitacions.)

La importància del jo ha anat acompanyada de la importància que hem donat històricament «a les *meves* coses». El dret a la propietat recolza precisament en això i és un dels màxims exponents de la importància gairebé absoluta que hem donat al jo. N'hi ha que pensen «jo puc fer el que vulgui amb les meves coses», i defensen —erròniament, em sembla— que poden disposar de les seves propietats i béns de la manera que els plagui, fins al punt de poder-los destruir, si volen.

No sóc pas sol, però, a pensar que el subjecte no té dret il·limitat sobre les seves possessions. El pas del temps —amb els canvis vitals i històrics que comporta— així com les legislacions dels països avançats acaben imposant límits i frens a la propietat privada, que no és mai ni eterna ni incanviable. D'això, en som conscients tots. Sabem que les nostres coses no acaben mai de ser ben nostres per sempre.

Potser les mateixes ganes de tenir alguna cosa com a pròpia, com a nostra i inalienable de debò, ens han fet pensar que, si les possessions exteriors estan en perill de ser perdudes, en canvi, les possessions interiors —els pensaments, els sentiments— estan a la nostra personal i única disposició. Això ha contribuït segurament a realçar el valor del nostre reducte interior —el de la nostra consciència o la nostra ment—, que sembla ser un reducte literalment irreductible. Tenim exemples històrics nombrosíssims d'aquesta convicció. Així, els discrepants i heterodoxos de totes les èpoques saben que se'ls pot perseguir i fins i tot condemnar per les seves idees, i que, amb pressions de tota mena, se'ls pot obligar a dir certes coses o a comportar-se d'una manera determinada, però que, en canvi, no se'ls pot obligar a *pensar* certes coses —llevat que se'ls destrueixi psíquicament—, perquè el pensament d'una persona roman, finalment, ocult i és, en aquest sentit, personal i lliure. Així, els que actuen amb mala fe saben que ho poden fer precisament perquè les seves veritables intencions estan protegides de la mirada exterior. I els relacions públiques saben que han de vigilar sobretot el seu comportament extern, perquè el client es fixa en el que diuen i fan, però *el seu interior*, en canvi, és ben seu. Una frase llatina clàssica resumeix aquesta idea quan afirma que «ningú no jutja l'interior, sinó només Déu».

Sembla, doncs, que «els meus pensaments són meus». I, en un cert sentit, l'expressió és ben exacta. El problema, però, consisteix a saber si els meus pensaments són pensaments compartits. I això ja ens porta un xic més enllà de la simple constatació trivial.

2.1. Comparteixo els meus pensaments amb algú?

Heus aquí una pregunta volgudament imprecisa. Les preguntes imprecises, però, convenientment tractades, poden donar molt de si. No les hauríem de rebutjar mai per principi. Perquè sovint el problema no rau en les preguntes sinó en les respostes. Les preguntes han de ser vistes sempre com un estímul.

Per poder-nos plantejar aquesta —i qualsevol— pregunta amb una mica de rigor, convé justament que comencem prestant atenció a la manera com està formulada, no fos que contestéssim allò que no es demana o bé que forcéssim exageradament la pregunta i li féssim dir allò que no pretén. De fet, aquesta pregunta pot ser abordada de manera psicològica o de manera filosòfica, segons que s'entengui que s'hi pregunta una cosa o l'altra.

D'una banda, es pot entendre que s'hi pregunta si sóc, o no, dels que posen els seus pensaments *en comú*, si els manifesto a d'altres, si els comunico, si els comparteixo. La pregunta, entesa així, vol indagar sobre el caràcter psicològic de l'individu; i la resposta que s'hi doni també ha de ser, necessàriament, psicològica, perquè ens dirà si es tracta d'una persona oberta i comunicativa, o bé d'una persona reservada, retreta, potser fins i tot secretosa.

D'altra banda, aquesta pregunta també pot tenir una interpretació filosòfica. En aquest cas, no es donarà una resposta sobre la psicologia personal sinó sobre el significat de «compartir» i de «els meus pensaments». Entesa així, la pregunta «Comparteixo els meus pensaments amb algú?» demana si els *meus* pensaments, pel fet de ser meus, han de ser únics i originals, o bé si, encara que siguin meus, poden ser pensaments compartits amb d'altres, és a dir, pensaments que d'altres també tinguin, i no pas perquè jo els els hagi comunicat.

Els nostres pensaments són de diversa procedència: segurament que en podem assenyalar alguns de *propis*; aquí «propi» no vol pas dir «exclusiu», com si es tractés de pensaments que no pogués tenir ningú més —per saber-ho, hauríem de fer una impossible enquesta universal—, sinó que només vol dir que són pensaments que no som conscients d'haver manllevat de ningú. A més, però, tenim molts pensaments que sabem segur que altres persones també tenen. I, finalment, en podem assenyalar alguns a la frontera entre aquests dos grups: pensaments que contenen elements propis i elements d'idees compartides. En aquesta interpretació filosòfica s'adverteix, doncs, que «meu» no vol pas dir «exclusivament meu» o, almenys, no ho vol dir sempre.

Ara bé, un cop constatat que compartim molts pensaments amb altres, podem anar un xic més enllà i ens podem preguntar: «*Des de quan* comparteixo pensaments amb altres?» Si ens fem aquesta pregunta, ens adonarem que, ben mirat, el compartir és anterior al tenir, perquè, de petits, només comencem a tenir pensaments perquè els adquirim *gràcies* a l'educació i a l'experiència de comunitat amb altres. Ens adonarem, doncs, que només som capaços d'arribar a tenir pensaments propis quan els construïm sobre la base del pensament adquirit. I advertirem també que el jo apareix quan busquem un lloc propi en la comunitat que ens ha donat la vida i la cultura. I és que ningú no pensa tot sol, *ningú comença a tenir pensaments propis des de zero.*

Per tant, quan parlo dels *meus* pensaments, puc voler dir dues coses diferents: o bé que es tracta de pensaments que m'he fet meus i que sento com a meus, encara que no els hagi fet —és a dir, inventat— jo; o bé que són pensaments meus perquè jo mateix els he pensat i produït. És evident, però, que només pot pensar i produir pensaments aquell que ja té pensaments, que ja sap pensar, que ja ha après a pensar i que, gràcies a això, és capaç de pensar tot sol, pel seu compte.

2.2. Importància del llenguatge

Adonar-se d'això no és pas un descobriment poc important: efectivament, els primers pensaments i el mateix hàbit de pensar s'adquireixen gràcies a l'educació i a l'experiència de comunitat feta amb moltes altres persones.

És clar, però, que tant l'educació com les experiències humanes són eminentment lingüístiques i que el llenguatge té, doncs, una importància extraordinària en la configuració dels nostres pensaments i de tota la nostra personalitat. Amb això no estic pas defensant allò que alguns afirmen i que molts critiquen, a saber, que «tot és llenguatge». Em sembla evident que no tot és llenguatge. Seria absolutament ridícul dir que una cadira, un pensament o una virtut són llenguatge, com si no sabéssim distingir entre l'objecte cadira i la paraula «cadira», entre un pensament i «pensament», entre una virtut i la paraula «virtut». El fet és que la paraula «cadira» no serveix per seure i que l'ús de la paraula «virtut» no ens fa pas virtuosos. (Això mateix és el que ens vol dir el pintor belga René Magritte, 1898-1968, en aquell magnífic quadre que mostra una pipa i un rètol a sota que diu «Això no és una pipa». Encara que, a primera vista, pugui sorprendre, Magritte té tota la raó del món: el *dibuix* d'una pipa no és una *pipa*. Amb una pipa dibuixada no es pot fumar en pipa; amb una pipa de debò, sí.)

Així, doncs, no tot és llenguatge. Però això no vol dir que el llenguatge no sigui extraordinàriament important. La vida humana no seria com és sense el llenguatge. Encara que les cadires o les pipes, els pensaments, les virtuts, els dibuixos i els sentiments no siguin llenguatge, totes aquestes coses no serien el que són —no farien el paper que fan en la nostra vida— sense l'existència de llenguatge, si la nostra vida no estigués impregnada de llenguatge.

En aquest sentit podem ben dir que nosaltres compartim els nostres pensaments amb d'altres perquè també compartim amb ells el llenguatge. El cas dels nens-llop és prou significatiu: hi ha uns quants casos ben documentats de nens trobats després d'anys de viure en companyia de llops —o d'altres animals—, gràcies als quals no s'han mort de gana i s'han pogut fer grans. Aquests joves humans han adquirit una colla de qualitats pròpies d'animals no-humans —com ara una agilitat o una resistència física molt majors que la que tindrien si s'haguessin fet grans en la seva societat d'origen—, però, en canvi, com que no han pogut desenvolupar un llenguatge humà, tampoc no han estat capaços de desenvolupar un pensament semblant a l'humà.

(En aquest punt és molt interessant la pel·lícula *L'enfant sauvage*, 1969, del director cinematogràfic francès François Truffaut, 1932-1984. També és interessant *La vida i les estranyes aventures de Robinson Crusoe*, 1719, obra de l'escriptor anglès i pare de la novel·la moderna, Daniel Defoe, 1660-1731. El protagonista de la novel·la, a causa d'un naufragi, arriba a una illa deserta. El sentit de supervivència i l'enginy que demostra durant els vint-i-vuit anys que passa a l'illa estan directament relacionats amb la cultura anteriorment rebuda i, doncs, amb el llenguatge, els pensaments i els projectes del protagonista. Si, per un atzar, s'hagués trobat tot sol a l'illa des del seu naixement, no s'hauria pas pogut comportar de la mateixa manera. Perquè, fins i tot en soledat, allò que s'ha après amb els altres, es nota.)

Així, doncs, compartim molts pensaments amb una comunitat —d'origen o d'adopció— perquè també compartim el llenguatge i les experiències d'aquesta comunitat. Ara bé, la nostra relació amb el llenguatge és força peculiar. Encara que tots els parlants siguin permanentment creadors, manipuladors, transformadors de llenguatge, cap d'ells no se l'ha inventat i, per tant, no en pot fer el que vol, sinó que primer n'ha d'aprendre els mecanismes, que són complexos, perquè van units a contextos, situacions i experiències que fem *en* el llenguatge i *amb* el llenguatge. Per això, tot i que el llenguatge és viu *perquè* nosaltres el parlem, també és cert que nosaltres vivim com a humans *perquè* parlem algun llenguatge. Gairebé podríem dir que el llenguatge viu en nosaltres i que nosaltres vivim en ell.

2.3. Compartir una llengua

És clar, doncs, que no és pas irrellevant quin llenguatge s'aprèn. I és que aprendre un llenguatge no vol dir només aprendre uns sons o unes paraules; amb el llenguatge, s'aprèn una manera de viure i de veure les coses. Amb això no dic que totes les nostres opinions vinguin exactament determinades per la comunitat lingüística. Si fos així, no hi hauria mai discrepàncies a l'interior de cada comunitat, tots tindríem els mateixos pensaments i els mateixos sentiments. Sortosament no és així. Les nostres diferències i discrepàncies poden ser molt grans, fins i tot poden ser difícilment reconciliables. Si som, però, capaços de barallar-nos i de discutir, si som capaços de constatar que no ens entenem, és perquè, de fet, entenem que no ens entenem i, per tant, ja ens entenem molt. Vull dir que fins i tot la discrepància pressuposa entesa. (Si realment no ens entenguéssim *gens ni mica*, no podríem ni saber que no ens entenem, i ens passaria com quan veiem una colla de signes incomprensibles en un paper, que no sabem si són guixades inexpressives o bé si es tracta d'un missatge.)

Compartir una mateixa llengua no és, doncs, veure el món *exactament* igual, sinó que és disposar d'un marc de referències comú. Són referències lligades a la geografia, al clima, a la història, a l'economia, a la religió i a la vida quotidiana, i que s'expressen sempre en el llenguatge. I és que el llenguatge que aprenem és el pòsit d'històries, de mites, de vivències i de pensaments. Cada llengua té el seu pòsit. La llengua no és un mer instrument de comunicació neutral i asèptic. Adoptar una llengua és adoptar-ne els límits i les possibilitats. Per això adoptar una llengua és deixar-se adoptar per ella.

Les llengües no solament descriuen coses, sinó que permeten expressar sentiments, imaginar projectes, formular coneixements i descobrir emocions. En cada llengua hi ressonen segles d'història. I és que el llenguatge sempre reverbera, cada llengua té una reverberació pròpia, és a dir, té connotacions que poden ser molt diverses i que mai no s'aprenen totes. Les reverberacions que es copsen de petit o en un clima d'afectivitat i de descoberta del món són les que resulten més duradores: les valoracions, els judicis, els significats de les coses i de les accions —com els sabors, les imatges o els sons— aniran lligats durant molt temps —potser per sempre més— a aquelles experiències inicials, que gairebé són experiències iniciàtiques.

Compartir un llenguatge és trobar-se, sense voler, en una xarxa bàsica de complicitats. Són complicitats compartides per la comunitat d'aprenentatge. Són complicitats que, a més, es poden ampliar i transformar quan es deixa enrere la simple comunitat d'aprenentatge i es participa en una comunitat que estimula el creixement vital i intel·lectual, és a dir, en una comunitat de recerca.

2.4. El món interior

Al començament del capítol he dit que el nostre interior és vist sovint com un reducte inexpugnable, com un món que, a diferència del món exterior, és capaç de protegir els pensaments i sentiments de la mirada i del control públics. Com que podem amagar o dissimular les nostres intencions, pensaments i desigs —de fet, podem mentir i fingir—, sembla que els pensaments ens pertanyin de manera absoluta i en exclusiva, sembla que no els hàgim de compartir amb ningú, si no volem. Com que les coses, però, no sempre són el que semblen, serà bo que examinem aquesta visió, d'altra banda força estesa.

De fet, els que defensen que el món interior és seu i de ningú més, no en tenen pas prou amb la consideració psicològica que he fet abans, quan he distingit entre la persona comunicativa —que comparteix els seus pensaments perquè vol— i la persona tancada i retreta —que es reserva els pensaments per a si mateixa. Perquè els defensors del món interior com a reducte no parlen de si l'individu vol comunicar o no els seus pensaments —de si l'individu té un *caràcter* extrovertit o introvertit—, sinó que parlen de la *naturalesa* del nostre món interior —de si és irreductible, o no.

Els que defensen que sí, que és irreductible, sostenen que els continguts del nostre món interior —pensaments, desigs, creences, projectes—, són *essencialment* privats, tan privats que només són accessibles a cadascú i queden, en canvi, completament ocults a qualsevol altre, de manera que ningú no en pot arribar a conèixer sinó allò que l'interessat en vulgui revelar.

Jo, francament, no puc pas defensar aquesta opinió. No dic que no resulti temptadora, però, em sembla, que no és verdadera, almenys no ho és del tot. Que la posició és temptadora ho penso per dues raons. Primera, perquè parteix d'una experiència comuna: és absolutament cert que cadascú de nosaltres pot tenir pensaments i secrets que no arribaran mai a ser coneguts per ningú més, llevat que siguin comunicats o revelats. D'aquesta constatació, però, alguns en fan una generalització filosòfica i passen a afirmar dues coses: que *tots* els pensaments són secrets i inaccessibles als altres, i que ho són *necessàriament*. És aquesta generalització la que no sembla correcta.

La segona raó per trobar temptadora aquesta posició és que respon a una imatge poderosa, que és la imatge del món interior com un amagatall recòndit. El model d'aquesta imatge són els amagatalls habituals: les caixes o coves on hi guardem secrets, els diaris personals on hi escrivim —de vegades en clau— sobre qüestions privades. A tots els que tenen secrets d'aquests, els sabrà greu, segurament, que algú descobreixi el seu amagatall o trobi el seu diari. Però —i ara ve el punt clau—, cap d'ells no dirà —si no és com una exageració— que és impossible que algú ho trobi. Tots saben que l'amagatall es pot trobar i el secret es pot desxifrar; per això tenen tant d'interès a mantenir-los ben amagats i a no donar-ne pistes. Així, doncs, «amagat» i «secret» no volen dir mai «introbable», sinó només «ben dissimulat» o «ben protegit». I és que allò que caracteritza un amagatall és, precisament, que es *pugui* trobar. De fet, hauríem de dir que l'únic amagatall introbable per principi és el que no existeix.

Entenc, doncs, que, tempti a algú la idea d'un món interior radicalment amagat, però em sembla que la idea té errors importants. De fet, resulta estrany que cada individu tingui *accés directe* als seus pensaments, però que *només* en pugui tenir ell. I no s'hi val a dir que això és així perquè els pensaments són allò que passa dins el cap de cadascú. Llavors també s'hauria d'afirmar que cadascú coneix els seus propis pensaments, sentiments i desigs de manera exacta i infal·lible. I no és veritat. Tots coneixem l'existència de l'autoengany: ens sembla que aguantarem físicament, que serem capaços de complir una promesa, que sabrem traduir un text o que estem molt ben dotats per la música, i, en canvi, resulta que ens enganyem. És en aquests casos quan s'agraeix més el consell d'una persona amiga, d'algú que ens coneix, que ens coneix potser més bé que nosaltres mateixos. Que sigui així, no ens ha pas d'estranyar. Al capdavall, els nostres pensaments, desigs, intencions, no tenen pas el seu origen en el nostre interior, sinó que també han estat apresos. Hem après a pensar, a desitjar, a estimar, a sofrir. I hem après a expressar-ho i a amagar-ho.

Ara es pot veure el lligam de tot això amb els altres punts d'aquest capítol. Perquè resulta que cadascú té clar, de vegades, què pensa o què vol, i de vegades es pensa que ho té clar, però s'equivoca. I també es pot equivocar quan parla del que pensen o volen els altres. Això només és possible perquè tots, ells i jo, hem après a pensar i hem compartit intencions i projectes. La nostra conducta expressa sovint els nostres pensaments o les nostres intencions, però no ho fa sempre de manera explícita i directa, sinó de maneres molt diverses, amb gestos, mirades, interrupcions o mitges paraules. Allò que fa possible que jo sàpiga què penso, és allò que també fa possible que jo pugui saber què pensen els altres o que els altres puguin saber què penso jo. En aquest punt, no hi ha una distinció radical entre jo i els altres, tal com no hi és entre el meu interior i el meu exterior.

El coneixement —d'un mateix i dels altres— no es dóna mai en abstracte, sinó en circumstàncies molt concretes que el fan possible, en circumstàncies que hem après a valorar. És cert que hi ha circumstàncies que permeten amagar, dissimular o retenir pensaments i sentiments. El que no sembla defensable és que això es pugui fer sempre, *sense tenir en compte les circumstàncies*. No es poden amagar els pensaments *en qualsevol circumstància*. Perquè és cert que podem mentir o fingir i que podem fer veure que ens hem cremat o que estem contents, sense que sigui veritat. Ho fem constantment en un escenari i ho fem també, de tant en tant, a la vida real. Que no ho fem igualment en tots dos casos és prou interessant, perquè ens fa adonar de la importància del context. I és que, quan fingim en la vida diària, ho fem —amb bona o mala intenció— per enganyar algú. No direm pas, en canvi, que quan ho fem a l'escenari volem enganyar els espectadors. Aquests, com qui diu, ja vénen enganyats, és a dir, saben, quan vénen, que el que veuran a l'escenari és una simulació, i cap d'ells no es creu que els actors es cremen, es maten o s'odien de debò.

Això mostra que l'engany i la simulació només tenen sentit en un context en què s'espera la veritat i l'honradesa. M'enganya aquell que em dóna una informació equivocada per confondre'm, però no aquell que, dissimuladament, em pica l'ullet i em dóna una informació que pretén enganyar un tercer que és a la mateixa habitació. Així, doncs, l'engany i la simulació pressuposen una situació de sinceritat i només es poden construir sobre ella.

I és que no es pot dissimular o mentir sempre. Dissimular, amagar o mentir són accions que també s'han d'aprendre i que només tenen sentit en certes circumstàncies. Per poder aprendre a mentir s'ha d'haver après a dir la veritat. Si ensenyéssim als nens a enraonar dient coses que no són veritat —per exemple, dient «no» quan és «sí» i «sí» quan és «no»—, no els estaríem ensenyant a mentir, sinó simplement a enraonar estrany, perquè ells es pensarien que aquella era la forma de parlar *realment* de les coses. És clar que el nostre ensenyament no tindria un efecte gaire durador, perquè els nens compararien el seu enraonar amb el nostre i aviat se'l començarien a qüestionar. I si nosaltres també enraonéssim com ells, llavors tampoc no els estaríem ensenyant a mentir: simplement, tots enraonaríem a l'inrevés de com ho fem ara; en una situació així, mentiria aquell que parlés tal com ho fem ara nosaltres quan diem la veritat. La mentida només té sentit per contrast amb la veritat. No té cap sentit imaginar-se una situació en què *tothom* mentís *sempre*. Tal com no es pot fingir sempre: si algú cau en una caldera d'oli roent i es posa a cridar, ningú no podrà dir que el dolor és fingit. En aquest cas, el fingiment no té sentit; senzillament no s'entendria què vol dir que algú fingeix *en aquelles circumstàncies*.

Ara podem arribar a una conclusió senzilla però important. Així com l'expressió «els *meus* pensaments» de vegades es refereix a «pensaments que *he fet* meus» encara que hagin estat originats per altres, i de vegades a «pensaments *originals* meus», així també l'expressió «el meu món interior» es refereix, de vegades, a pensaments i intencions que jo puc retenir i amagar al control dels altres, i, de vegades, a pensaments i intencions que no explicito però que poden ser observats, endevinats, deduïts, interpretats o suposats de diverses maneres. I és que, així com no *tots* els meus pensaments són exclusivament meus, així tampoc el meu món interior no és inaccessible *sempre*.

3

Interrogants, qüestions, enigmes

La nostra vida és plena d'accions rutinàries. Però també és plena de novetats i de coses inesperades. A la vida, hi caben tantes coses! Per això, de manera directa o indirecta, sovint ens plantegem preguntes. És clar que no totes les preguntes que ens fem tenen la mateixa importància, almenys no la tenen per a cadascun de nosaltres.

El fet mateix de plantejar preguntes —en l'àmbit familiar, escolar o social— no sempre és igualment acceptat i valorat. Hi ha èpoques, llocs i grups que ho afavoreixen; n'hi ha, en canvi, que ho consideren innecessari, fins i tot perillós. I és que de vegades es pregunta una cosa perquè no se sap, però sovint també perquè no s'està satisfet o tranquil amb allò que s'ha après i que ja se sap.

Tanmateix, és cert que l'afany de saber cada vegada és menys mal vist. Això potser vingui de la Il·lustració del segle XVIII que amb el seu «Atreveix-te a saber!» va presentar el saber com a eina de progrés i de llibertat. De fet, avui hi ha una cosa que inquieta més negativament que no pas el desig de saber: és el desig de pensar, és a dir, de qüestionar el saber establert i oficial, en l'àmbit que sigui. Aquell «Atreveix-te a saber!» ja no és ara un crit provocador i inquietant. Més aviat ho seria aquest altre: «Atreveix-te a pensar!».

Els interrogants han estat sempre el motor del pensament. És clar, però, que un interrogant pot ser interpretat de diverses maneres: pot ser vist o bé com un senyal —bon senyal— d'esperit crític i creatiu, o bé com un símptoma —mal símptoma— que anuncia inseguretat, dubtes o, potser, debilitat de caràcter. Aquesta visió diferent no es dóna pas sempre en grups diferents. Passa sovint que un mateix grup o una mateixa persona tenen, en moments diferents, una actitud positiva o una actitud negativa envers les preguntes i els interrogants. Al darrere, però, de canvis ocasionals d'actitud, també s'hi pot descobrir una tendència més general a estar o bé a favor o bé en contra de l'esperit qüestionador, del tarannà inquisitiu.

Efectivament, hi ha èpoques i persones que valoren sobretot la *transmissió* dels coneixements, de la cultura i dels costums heretats. En aquests casos, no es defensa pas l'immobilisme cultural —perquè, de fet, s'accepta el progrés en el coneixement—, sinó que es defensa que els encarregats de transmetre la cultura heretada —és a dir, mestres, científics, pares, educadors o altres autoritats reconegudes— siguin també els encarregats d'obrir nous camins i de fer avançar el coneixement. En un context així, la cultura —tant en allò que és tradició com en allò que és innovació— és vista de forma jeràrquica; als destinataris d'aquesta cultura —alumnes, aprenents, fills o ciutadans en general— no se'ls inculca sentit crític per posar en qüestió allò que reben, sinó només per superar-se constantment en l'assimilació i comprensió dels missatges. Per això, les èpoques més jeràrquiques i les persones de tarannà més doctrinal valoren molt més l'aprenentatge de respostes que no pas la formulació de preguntes.

(Una forma extrema d'aquesta actitud es troba en la vida quotidiana de les sectes i de grups amb tarannà sectari. L'autoritat dels líders sectaris acaba ofegant qualsevol iniciativa de pensament personal, que sempre és considerada un símptoma perillós de debilitat o de supèrbia. I és que l'autoritat del líder és tan contundent que només admet submissió: tant et pot criticar perquè ets feble com perquè ets fort. En darrer terme, et critica perquè *ets*, perquè encara no t'has *anorreat*. Es tracta, precisament, que no *siguis*, sinó que hi *estiguis* i que *segueixis*. Aquests ambients fomenten i inculquen, fins al paroxisme de la despersonalització, les respostes estereotipades en forma de consignes, eslògans i dogmes. L'experiència sectària, però, no és sinó una forma degenerada de la visió jeràrquica i tradicional de la cultura.)

En canvi, també hi ha persones i èpoques que no tenen una visió estable i autoritària de la cultura, i que prefereixen les preguntes a les respostes. Per a elles, preguntar no és senyal de debilitat, sinó d'esperit despert i reflexiu. Defensen que el reconeixement de la pròpia ignorància és la millor palanca per remoure-la i per fer avançar el món. En aquesta línia estaria la filosofia grega clàssica. Recordem que Sòcrates és considerat per l'oracle com el més savi de tots els humans, justament perquè afirma «Només sé que no sé res». Alguns pensadors posteriors a ell —els primers, Plató i Aristòtil— han dit que admirar-se de les coses i fer-se preguntes sobre elles és precisament l'origen de tot coneixement i de tot filosofar. Aquesta posició també pot arribar a adquirir tons extrems, si acaba afavorint la pregunta perquè sí, sense raons, sense objectiu.

En qualsevol cas, no em sembla que aquestes dues posicions hagin d'estar necessàriament enfrontades. I és que no entenc que l'interès per les preguntes hagi d'estar renyit amb l'interès per les respostes. Més aviat sembla que unes i altres es necessiten mútuament: si fa estrany que algú només tingui respostes sense tenir preguntes, també és sorprenent que algú s'entusiasmi amb les preguntes sense parar atenció a les respostes. (Per això resulta tan penós el cas d'aquell examen en què, després de comprovar que l'alumne no sabia res de la filosofia de Kant, se li va demanar que la critiqués. I l'alumne ho va fer d'una tirada!)

En aquest capítol no volem resoldre preguntes específiques sinó que més aviat volem examinar les pretensions i l'abast que poden tenir les nostres preguntes.

3.1. Hi ha preguntes profundes?

Els humans ens plantegem constantment preguntes. Moltes d'elles recullen problemes freqüents al llarg de la vida, problemes teòrics o pràctics, ocasionals, superficials o profunds, problemes que semblen insolubles o que tenen mil respostes diverses. Un problema, però, no és com un arbre o un bolet, que existeixen encara que ningú no els trobi —justament es poden trobar perquè existeixen—; un problema és una relació que s'estableix entre una persona i alguna cosa, idea o esdeveniment. En aquest sentit, el problema no existeix fins que no es crea, fins que no apareix. (Passa una mica com amb l'amistat o amb la curiositat: l'amistat no existeix pel seu compte, sinó que jo faig amics, mantinc certes amistats i, de vegades, les perdo; i només es pot dir que sóc curiós si exercito —potser sovint— una determinada manera d'acostar-me a les coses.) És clar que jo puc entendre que un altre tingui un problema determinat. Però allò no es converteix en problema per a mi fins que jo no ho veig com a problemàtic. En aquest sentit, no cal pas que els problemes que jo tinc siguin únics i extraordinaris. Sovint seran problemes que d'altres m'hauran fet veure i que jo m'hauré fet meus, és a dir, que jo acabaré considerant com a propis.

La vida quotidiana és plena de problemes, econòmics, socials, domèstics, sexuals, laborals o escolars. Són problemes que sovint ens donen molts maldecaps, però que, justament per la seva quotidianitat, no semblen problemes prou elevats, prou profunds. Tots ells es poden resoldre amb l'ajut d'algun expert o d'alguna tècnica. Tot i ser, doncs, problemes ben reals, pot semblar que no siguin problemes de debò, perquè no són problemes que necessitin una reflexió «profunda», abstracta, diguem-ne filosòfica. Aquí se'ns planteja, és clar, què és un problema o, encara més, què és *un problema de debò* i què és *una pregunta profunda*.

Davant una pregunta com «*què és* això de la profunditat?», algú es pot sentir temptat d'anar a buscar la resposta en un diccionari. Ho acostuma a fer el que no sap aclarir-se enmig dels casos concrets i variats de l'experiència i vol trobar una *essència* que hauria de ser comuna a tots els casos. Llavors, el primer intent és el de la definició. Com si una bona definició ens pogués donar l'essència de la profunditat. Com si amb la definició tinguéssim també la mesura adequada per sospesar els nostres problemes, les nostres preguntes, i per decidir quins són autèntics i quines profundes. Francament, no em sembla que, en aquests casos, ens sigui de cap utilitat recórrer a definicions. No solament perquè no disposem de cap definició precisa, sinó perquè, encara que en disposéssim, ens serviria de ben poca cosa. Com que l'autenticitat i la profunditat *no* són qualitats lligades a les coses —com ho serien, per exemple, el pes o l'extensió—, dir que un problema ho és *de debò* o que una pregunta és *profunda* —fins i tot, *més profunda* que una altra— no depèn de cap constatació empírica, sinó que depèn d'una valoració feta a base de criteris ideològics i personals. Certament, són molt diversos els graus i els tipus d'autenticitat i de profunditat que es poden considerar. Per això aquests conceptes —com molts altres de semblants— no tenen una sola definició. Totes tindran, segurament, la seva raó de ser: les unes accentuaran uns aspectes; les altres, uns altres. No sembla que hi hagi cap raó definitiva per afirmar que una i només una d'aquestes definicions hagi de ser, per força, millor que les altres.

El fet, però, que no hi hagi una sola definició vàlida per a tots els casos possibles de profunditat no és suficient per desanimar aquells que volen buscar l'essència dels conceptes a través de definicions. Perquè, segons ells, si hi ha una multiplicitat de casos, bé ha d'existir una essència *comuna* a tots aquests casos. I si l'essència no es pot trobar a través d'una definició precisa, s'haurà de determinar per altres mitjans.

No comparteixo gens aquesta posició. A mi, la diversitat dels casos no em porta a dir que *hi ha d'haver* una essència única per a tots ells, sinó que més aviat em fa pensar que ens hem de replantejar seriosament això de l'essència. Buscar una característica essencial —bàsica i comuna— que sigui *la* característica necessària de la profunditat —de totes les coses a les quals atribuïm profunditat— em sembla una tasca inútil i desencaminada. I és que tant podem anomenar «profund» un acudit com una teoria, una observació com una mirada. Si l'acudit és profund i la mirada és profunda, direm que han de tenir, *per força*, alguna cosa en comú que els faci profunds tots dos? No pas necessàriament. I, tanmateix, això és el que es pensa sovint. Potser que expliqui, doncs, per què no comparteixo la visió essencialista.

3.2. La temptació de l'essència

Quan considerem una multiplicitat de casos, descobrim entre ells semblances i diferències de tot tipus. Quan volem trobar, però, *el tret essencial* —o *els trets essencials*— que caracteritzi tots els casos, correm el perill de forçar les semblances existents, de fer-les, com qui diu, més semblants que no són, en comptes de veure-les tal com es presenten, amb una enorme diversitat de matisos entre elles. I és que els casos semblants

—tant si són casos de profunditat, com d'amistat o de justícia— són semblants precisament perquè exhibeixen una trama complexa de semblances *i diferències*. Amb això no estic pas dient que no puguem distingir entre trets essencials i trets accidentals, entre trets comuns i trets específics. Perquè és obvi que, si volem, nosaltres podem *decidir* que una característica o una condició siguin *essencials* en un context determinat. Per exemple, podem determinar quines són les condicions essencials que han de reunir els que vinguin a la nostra festa, quina és la característica essencial dels productes que nosaltres venem, quins són els principis essencials d'una teoria, o quines són les regles essencials d'un joc concret. Tot això ho podem fer, senzillament perquè això depèn de la nostra decisió. I, en aquest sentit, diríem que l'essència ens pertany, que la podem delimitar.

No és, doncs, això el que estic negant. Només m'oposo a aquell plantejament que *pressuposa* que *ha d'existir una essència* —com una característica objectiva i independent— entre tots els jocs que fem, entre totes les persones que anomenem amigues i entre totes les altres coses que reben un mateix nom. És només contra aquesta visió essencialista que m'estic pronunciant.

Perquè, si no s'ha fet una selecció prèvia, l'essència no és quelcom (un tret, una característica) que es pugui mostrar en tots i cadascun dels individus o casos diversos que s'examinen. Ben segur que, si són de debò individus i casos diversos, l'únic que podrem fer serà assenyalar entre ells semblances i diferències: alguns trets seran comuns a molts d'ells, però no a tots, hi haurà altres trets semblants entre altres membres del grup, i hi haurà creuaments de tota mena. Això és el que el filòsof austríac Ludwig Wittgenstein, 1889-1951, ha anomenat «semblances de família». L'exemple familiar és, sens dubte, molt il·luminador: els membres d'una família pertanyen a la mateixa família no perquè hi hagi necessàriament *un sol* tret que sigui aquell que tots tenen en comú —per exemple, el color dels ulls o la forma de la boca—, sinó perquè hi ha una colla de trets creuats que fan reconèixer semblances entre ells, ja que alguns tenen la boca i el nas com la mare, però els ulls i el front com el pare, i la barbeta que ni és de l'un ni de l'altre, i alguns tenen les orelles d'una manera i els altres d'una altra.

És clar, doncs, que, en una família així, hi ha coses que ens fan reconèixer els seus membres com a membres d'*aquella* família. Que hi hagi coses, però, que ens permetin aquest reconeixement, no vol dir que hi hagi *la* cosa que el permeti, que existeixi *el tret essencial*. El que és essencial, en un cas com aquest, és el fet mateix de donar-se precisament les semblances i diferències que es donen entre els seus membres: aquestes i no unes altres. (Si se'n donessin unes altres, els individus examinats ja no serien membres d'*aquella* família.) En canvi, no és essencial que hi hagi en tots ells *un* tret bàsic i comú que, com qui diu, els lligui entre si.

Queda, però, una objecció possible: perquè, com és que donem *el mateix nom* a aquestes coses diverses? Com és, per exemple, que anomenem *profundes* coses tan diferents com problemes, teories, acudits, consells o opinions? No indica això sol que, malgrat tot, *hi ha d'haver* alguna cosa comuna entre totes elles, alguna cosa que *justifiqui* que les puguem trobar totes «profundes»?

Abans de respondre a aquesta objecció, val la pena que ens aturem un moment en el *tipus* d'objecció que es fa, perquè respon a una tendència freqüent en nosaltres. I és que sovint imposem exigències a la realitat que volem entendre. Sovint diem, per exemple, «ha de ser així», «no pot ser de cap més manera», «necessàriament...», «hi ha d'haver...», sense aturar-nos, en canvi, a mirar bé si la nostra exigència no és una imposició absolutament arbitrària. Sembla com si, abans de mirar o d'escoltar, ja en sabéssim massa. Això, però, és perillós. Certament, convé mantenir una actitud vigilant, si no, ens entrebancarem contínuament amb els propis pensaments deixats anar, que és com entrebancar-se amb els cordons de les pròpies sabates. No vulguem decidir per endavant com *han de ser* les coses. Mirem primer com són. Si voleu, mirem si són com ens pensàvem que eren. Però no ens entestem a fer-les com nosaltres voldríem. Perquè llavors no treurem mai res de la nostra reflexió. O potser sí que en treurem alguna cosa, però sempre serà allò que en volíem treure i, per tant, no avançarem mai gaire.

(Aquesta insistència en la importància de mirar la realitat abans d'opinar sobre ella, no té res a veure amb una actitud conservadora o immobilista. Només estic dient que, per entendre el món, *primer* és bo de fer un esforç —no sempre fàcil— d'observació, d'anàlisi, de descripció. No significa, però, que no hàgim de canviar moltes coses. Justament, el fet d'haver observat la realitat atentament pot convertir-se en la raó més poderosa per voler-la canviar. Llavors és quan entren plenament en joc els projectes, les utopies i les decisions.)

Ara ja puc passar a contestar l'objecció: el fet que nosaltres qualifiquem de «profundes» coses diversíssimes no prova en absolut que hi hagi d'haver alguna cosa profunda comuna a totes elles, sinó que ens indica només que serà bo que estiguem al cas, per si aquelles coses tenen entre si alguna semblança de família. Però, el parentiu o, millor dit, el tipus de parentiu existent entre elles no està mai garantit. (De fet, hi ha vegades en què usem el mateix nom per referir-nos a coses que no tenen *cap* relació entre si. Pensem, per exemple, en els dos significats ben diferents de la paraula «pallissa». I és que les coincidències de nom també poden ser degudes a nombroses —i sovint ben curioses— coincidències o casualitats filològiques o històriques.)

El que és important, doncs, no és el nom comú que es dóna a coses diverses, sinó allò que es pot arribar a trobar al darrere del nom comú: a saber, una colla de semblances i diferències de tot tipus, que només es poden descobrir i valorar quan s'és capaç de descriure bé —i sense massa prejudicis— els casos i les situacions que s'examinen.

3.3. La temptació de les imatges

L'essencialisme, però, no és pas l'única temptació que hem de vèncer. N'hi ha una altra que també és molt poderosa: és la temptació que ens ve de les imatges mateixes del llenguatge. I és que el llenguatge és tan pictòric i tan viu que sovint ens presenta imatges que ens arrosseguen sense que ni ens n'adonem. Per això hem de tractar el llenguatge amb molta precaució, si no ens volem deixar endur llenguatge avall. Literàriament, les imatges del llenguatge són una meravella riquíssima i imprescindible. Però també poden ser un grandíssim perill: si les imatges ens enceguen, serà fàcil que no veiem altra cosa que la llum que elles projecten i, per tant, podria molt ben ser que acabéssim no veient ni entenent res. En aquest sentit, les imatges del llenguatge són com les il·lustracions d'un còmic: ens permeten visualitzar coses, però després se'ns fa molt difícil —per no dir impossible— d'imaginar aquelles coses pel nostre compte i d'una manera diferent de com les hem vist representades en el còmic.

Considerem un parell de casos: quan diem, per exemple, «Ens espera un futur molt negre» o «Tinc una pena que tu no pots veure», ben segur que sabem què volem dir. Hem d'anar en compte, però, de no voler-ho aprofitar massa i de no cedir a la temptació de les imatges, perquè tant la del «futur negre» com la de «la pena amagada», ens podrien portar, si no vigiléssim, a afirmar coses estranyes sobre el futur i sobre els sentiments. Podríem pensar, per exemple, que el futur és quelcom que ja està fet i pastat i que ens espera, com qui diu, per tirar-se'ns al damunt. (El futur llavors és vist d'acord amb la imatge de l'assaltant que, de nit, s'amaga darrere una cantonada, esperant que passem per allà.) O bé podríem concloure que la pena és un objecte mental que tenim guardat a dins i que només nosaltres podem observar. (La pena és vista llavors d'acord amb la imatge de l'objecte que es té en una caixeta i a la qual ningú més no té accés.)

Evidentment, ens podem imaginar el futur o la pena d'aquesta manera. No cal, però, que ho fem. Perquè les imatges que ens ofereix el llenguatge poden ser interpretades així o d'una altra manera. I, per tant, no ens hem d'entregar a les imatges com si elles ens donessin una interpretació única i infal·lible del món i de la vida —una filosofia—, sinó que les hem d'examinar i interpretar perquè —amb elles i més enllà d'elles— podem tenir moltes interpretacions del món i de la vida, moltes filosofies.

Sempre hauríem de ser ben conscients del caràcter temptador de les imatges del llenguatge, tant si caiem en la temptació com per evitar de caure-hi. Ho podem veure ara mateix amb relació a la profunditat. Com que sovint usem «profund» i «profunditat» en sentit físic, tendim fàcilment a transportar la mateixa imatge física a altres contextos ben diferents i a interpretar aquests nous contextos segons aquella imatge. Efectivament, sovint usem «profund» en el sentit de «pregon» i diem que un pou, una cova o una vall són profunds. (En cinema i fotografia es parla de la «profunditat de camp» per referir-se a la distància entre el punt d'enfocament i el de desenfocament d'un objecte.) Aquesta imatge física ens pot induir a creure que la profunditat *sempre* té a veure amb «fondària»: així és com tendim a considerar que les preguntes o els pensaments profunds són aquells que tenen molta fondària, aquells que estan allà baix de tot, els que són ben lluny, els que només es poden haver si s'és capaç d'anar molt avall, molt endins, molt a fons, només si se sap fondejar. Ens apareixen com a pensaments o preguntes difícilment explorables del tot, perquè semblen trobar-se en una dimensió massa allunyada i massa misteriosa. Per més que baixem, sembla que mai no podrem arribar a tocar fons.

Aquesta imatge de profunditat va estretament lligada a la idea d'enigma i de misteri, i —per què no dir-ho— a una determinada concepció del pensar i del filosofar com a activitats obscures, profundes, només aptes per als molt iniciats. No és estrany, doncs, que, d'acord amb aquesta imatge, molts creguin que hi ha preguntes que *són* per si mateixes més profundes que altres, i que associïn les preguntes més profundes amb qüestions més autèntiques, més de debò, aquelles que semblen més remotes o més inaccessibles, com ara les que plantegen l'existència de déu, el sentit de la vida, els límits de la felicitat humana o l'objectivitat de la justícia.

Si ens deixem arrossegar per aquestes imatges del llenguatge, la nostra reflexió també en queda afectada. És, per exemple, el llenguatge de la felicitat —la manera que tenim de parlar-ne—, el que ens fa creure que les preguntes sobre la felicitat són sempre més *profundes* que no pas les preguntes sobre la fiabilitat dels sentits o sobre la moralitat de la pena de mort. A qui digui que efectivament aquelles preguntes són més profundes que aquestes, per la senzilla raó que la pregunta sobre la felicitat «el toca més a fons» que les altres, li haurem de fer observar que aquesta és només una coincidència psicològica no gaire decisiva. De vegades, problemes ben prosaics —econòmics o domèstics— ens poden arribar a *tocar* més a fons —és a dir, ens poden arribar a inquietar i a angoixar més— que no pas qüestions sobre el sentit de l'univers o sobre l'existència del no-res. Que un problema ens inquieti més o menys no és, doncs, senyal inequívoc de problema més profund. La inquietud psicològica sempre és històrica i casual: que ens *afecti* més aquest problema o aquell altre depèn de la nostra situació vital, personal, psicològica. En canvi, el llenguatge sembla indicar que uns problemes *són* sempre més profunds que altres, perquè tenen més fondària, més profunditat, més misteri: llavors, el problema no ens apareix com a profund perquè ens afecta, sinó que més aviat ens acaba resultant important perquè *és* profund.

El llenguatge fa sovint jugades com aquesta. Ens errem, però, quan considerem la profunditat dels problemes i de les preguntes d'acord amb la imatge lingüística de la fondària. Val la pena que mirem de capgirar aquest punt de vista i que advertim que la profunditat no és un atribut de les preguntes, sinó de la manera de tractar-les. (Una mica com l'amabilitat, que no està fixada per les coses que es diuen i es fan sinó per la manera de dir-les i fer-les.) És ben clar que no vivim tots els problemes com a igualment importants, que les nostres vivències varien molt, no solament d'una persona a l'altra, sinó també segons les èpoques i circumstàncies. En el cas de la *comprensió* dels problemes, però, el més important no és la vivència que tinguem sinó el nivell de reflexió que siguem capaços d'aplicar-hi. Certament, tots els nostres problemes, tots sense excepció, poden ser tractats amb profunditat o sense. Això no depèn del problema, sinó de la nostra capacitat de tractar-lo.

(Que la història del pensament hagi consagrat alguns temes com a més reiterats i, doncs, com a més importants —fins i tot, més profunds o més autèntics—, ha estat degut no solament a una particular conjuntura històrica sinó també a una idea peculiar de «cultura» i de «tradició»: s'ha anat mirant cap al passat amb tanta veneració que els problemes antics s'han anat repetint no perquè encara fossin interessants, sinó sobretot perquè eren antics. La repetició constant dels mateixos problemes ha arribat a fer creure —fins i tot als qui els repetien— que aquells eren *els* problemes constants i perennes de la humanitat. Em sembla, però, increïble que encara algú pensi que els problemes que tenia Plató són els nostres problemes. Plató es formulava preguntes que, efectivament, coincideixen amb la lletra d'algunes que ens fem nosaltres. També ell es preguntava, per exemple, «què és la justícia?». Si mirem, però, per què Plató es feia aquelles preguntes, com se les feia, amb qui i contra qui, ens adonarem que entre els seus interrogants i els nostres hi ha diferències que no són només de matís. Un problema és sempre una mirada sobre la realitat. I una mirada només ho és en una cara determinada, en una època determinada, amb una llum determinada. Plató —i tots els altres, abans i després d'ell— ens pot ajudar amb els seus arguments, amb les seves intuïcions i amb el seu tarannà intel·lectual o vital. Nosaltres, però, hi hem de posar els problemes. Si esperem que també els posi ell, és que renunciem a ser exploradors de la realitat per jubilar-nos com a guies de museu.)

Estarà bé, doncs, que procurem tenir una mirada profunda sobre els problemes que ens envolten i els conceptes que remenem. Ara bé, la *pretensió* de profunditat acostuma a ser pueril i ridícula. Anar pel món amb pretensions de profunditat pot ser l'anunci d'un comportament bufat, cursi o còmic. Per això, haver descobert que la profunditat és una dimensió que no ve marcada per la pregunta, sinó pel nivell de resposta a la pregunta, pot alliberar de l'obsessió per la profunditat. I és que no cal que sempre formulem preguntes profundes. Descobrirem, però, que ho són, si les seves respostes tenen conseqüències importants. Per això, cal que, un cop plantejada cada pregunta, esmolem totes les nostres capacitats per descobrir aquells matisos i aquells aspectes que la pregunta precisament no ens revela i que, sovint, fins i tot ens dissimula. Esmolar la intel·ligència reclama rigor i esforç més que no pas brillantor. Les millors reflexions vénen de la tensió intel·lectual, no de la pretensió moral. La tensió intel·lectual exigeix un examen rigorós de la realitat, examen sempre conscient dels propis prejudicis, sempre atent als arguments i a les seves conseqüències. La pretensió moral, en canvi, imposa exigències i dicta objectius com si la realitat depengués de la nostra voluntat o estigués al nostre servei.

3.4. Profunditat en la resposta

Què és, doncs, allò que ve a caracteritzar, finalment, una manera profunda de tractar un problema o una qüestió? Pel que he dit fins aquí s'entendrà que no vulgui —ni pugui— donar una resposta essencial a aquest interrogant. No hi ha *una única* manera profunda de tractar un problema, entre altres coses, perquè convé distingir —com he fet en el títol del capítol— entre molts tipus d'interrogants i de problemes. Sense voler fer ara cap consideració essencial, sí que puc assenyalar, però, alguna característica que ajudi a mostrar semblances i diferències importants entre interrogants, qüestions i enigmes.

Un interrogant no sempre és un problema. De fet, un interrogant és, inicialment, una frase acabada amb un signe d'interrogació. Però, un interrogant així no és sempre una pregunta: «Oi que tancarà la porta, sisplau?», equival a «Tanqui la porta, sisplau», i això no és, evidentment, cap pregunta. En canvi, es pot fer una pregunta sense fer servir la forma interrogativa: «Li agraïré que em doni la seva opinió sobre la importància dels referèndums en una democràcia», és òbviament una pregunta que, diríem, interroga sense interrogant. També hi ha interrogants buits, retòrics, és a dir, interrogants que pràcticament porten en si mateixos la resposta. Així, si algú pregunta, «Existeix la felicitat total en aquest món?», la resposta òbvia és «no», perquè «felicitat total» pressuposa allunyament de qualsevol condició, però, en canvi, «aquest món» imposa sempre (moltes) condicions.

A nosaltres, és clar, ens interessen molt menys els interrogants que les preguntes. Aquestes sí que ens interessen, tant si tenen forma d'interrogació com si no. Si un interrogant, però, no sempre és un problema, un problema no sempre és un problema filosòfic, és a dir, no sempre s'enfoca des d'un punt de vista filosòfic.

Com que la història del pensament és plena d'opinions i doctrines —sovint enfrontades— sobre els temes més diversos, no sembla especialment urgent afegir moltes opinions noves a les ja existents; el més important i que pot fer avançar de debò és saber examinar els arguments que es proposen, saber examinar, doncs, els *conceptes* que es fan servir. En aquest sentit, la filosofia no examina fenòmens o esdeveniments —com ho farien els historiadors, psicòlegs o físics—, sinó que examina conceptes, i vol veure com treballen, quines conseqüències tenen, quins pressupòsits adopten. El problema filosòfic és aquell que topa, doncs, amb problemes conceptuals. Aquests problemes poden tenir una estretíssima relació amb qualsevol problema ordinari, però tenen un plantejament que no és l'ordinari, sinó que és específic.

Així, fins i tot preguntes tan trivialment quotidianes com «No sé si el meu marit encara m'estima» o «Quina roba de cortines combinaria bé amb la tapisseria del sofà?», també poden donar pas a una reflexió filosòfica. No vull pas dir que sobre aquestes qüestions s'hagi de «filosofar», s'hagin d'anar fent consideracions més o menys vagues amb estil altisonant. Que jo sàpiga, la filosofia no té res a dir sobre l'amor del marit o el color del sofà. Aquestes són preguntes que, en el seu nivell ordinari, es resolen —o no— amb l'experiència quotidiana —si van mal dades, amb un detectiu— i amb el consell d'algun expert en teixits.

Per passar, però, del plantejament quotidià a un plantejament filosòfic s'han d'explorar els conceptes que apareixen en aquests contextos; per exemple: què vol dir això de saber que algú m'estima?, com ho puc saber?, «saber-se estimat» equival a «sentir-se estimat»?, l'amor té a veure amb una sensació interior o bé necessita criteris externs? I també: què vol dir que dues robes combinen? En les robes, només combinen els colors o bé també han de combinar els teixits, com qui diu, els tactes? Quan posem la mirada sobre un determinat teixit i sembla que el resseguim amb la vista, podem parlar de «tacte visual»? Si podem tocar coses amb la mirada, podem també intercanviar altres sentits i dir que «sentim el pes de l'edifici» —tal com escoltem el silenci— o que «notem l'aspror dels compassos finals»? Heus aquí una colla de conceptes i de relacions que es presenten com a reptes per a ser examinats i entesos. La mirada filosòfica sobre la vida quotidiana no és una mirada que vulgui donar explicacions o receptes. És una mirada que voldria ser literalment perspicaç, és a dir, que voldria travessar les coses per entendre'n millor el sentit i les possibilitats.

Amb això ja hem avançat una mica en la resposta de què vol dir tractar un problema o una qüestió d'una manera profunda. Certament, la profunditat de la mirada —si es vol, de la mirada filosòfica— ve de descobrir un aspecte que no s'acostuma a veure i d'establir una relació que no s'acostuma a fer. La profunditat no ve de descobrir una fondària sinó, ben al contrari, de portar cap a la superfície allò que estava amagat o que ningú no veia, tot i que potser no estava gens amagat sinó que era ben a la vista. La profunditat no és obscuritat sinó transparència.

Fins aquí hem vist que un interrogant no és sempre un problema i que els problemes no són pas, automàticament, problemes filosòfics. Afegim-hi ara que un problema filosòfic tampoc no és un enigma o un misteri que s'hagi de descobrir o endevinar. Les respostes a les preguntes que nosaltres plantegem no s'endevinen, sinó que es busquen i es raonen. Perquè una pregunta sempre té resposta, fins i tot en pot tenir moltes, encara que sovint no siguem capaços de donarne cap. Un enigma, en canvi, no necessàriament té resposta. Trobem exemples clàssics d'enigmes en les paraules ambigües dels oracles, per exemple, del de Delfos. Quan l'oracle parla no dóna pròpiament resposta a un problema, sinó que més aviat dóna una *sortida* a l'individu, al qual ofereix l'explicació d'algun fet misteriós o una línia d'actuació futura.

Tractar filosòficament un problema no és tractar un enigma. Nosaltres no volem fer més misteriosa la realitat, sinó que la volem fer més transparent; tampoc no la volem fer simplement més acceptable sinó, si pot ser, més entenedora.

4

Sovint preguntem «per què?»

Diu que els humans busquem explicacions. De vegades sí, en busquem. Però, també fem altres coses. No es pot pas dir que la nostra inquietud intel·lectual s'expressi sobretot —ni, és clar, exclusivament— en la recerca d'explicacions. Buscar explicacions és una de les moltes activitats que caracteritzen els humans, però no és *la* seva característica específica. I és que tampoc no sembla que hi hagi *una* característica que pugui ser considerada com *la* característica essencial i definitiva dels humans.

(Per això són tan simples —de fet, simplificadors— tots els intents de definir els humans a través d'una sola característica essencial. Tant els que diuen que som animals racionals, com els que afirmen que som éssers que riem, o que treballem, o que parlem, o bé que ens caracteritzem per tenir ànima, tots ells tenen molta raó si no la volen tenir tota. I és que aquestes afirmacions, combinades amb altres, van molt bé per caracteritzar els humans, però, en canvi, totes soles, no diuen res, precisament perquè volen dir massa. Quan pensem, riem i treballem, ho fem de maneres tan diverses i barrejades que és impossible de dir, en una definició, *com* ho fem. Certament, la gràcia de tot plegat no està simplement en el fet que siguem això o allò, sinó sobretot en *com* som això o allò. El matís, la diferència, la varietat, la plasticitat de la nostra conducta sovint mostren què som, justament perquè ens fan veure com som, és a dir, quines són les semblances i diferències que tenim amb els altres éssers vius. Voler reduir tanta complexitat i plasticitat a un sol tret vague i general és com pensar que una fotografia pot copsar el vol d'una papallona.)

Tornem, però, a les explicacions. Molts consideren el «per què?» —sobretot quan és reiterat—, com un molt bon exemple —gairebé com l'exemple típic— de pregunta profunda. De fet, hi ha una manera d'entendre la filosofia que la presenta com la buscadora per excel·lència d'explicacions, sobretot d'explicacions últimes. No sembla, però, gens fàcil de dir què és això d'una explicació última. I no es tracta tampoc de donar-ne una definició precisa, sinó simplement d'entendre per què les busquem i què en volem fer d'aquestes explicacions. Aclarir això ens pot ajudar a entendre millor el paper de les explicacions —últimes o no tant— en la configuració dels nostres coneixements i creences.

4.1. Per què busquem explicacions últimes?

La pregunta d'aquest capítol no és una pregunta gaire usual. Normalment, busquem explicacions de coses, fenòmens o esdeveniments. Ara, en canvi, busquem l'explicació («per què») d'aquest costum de buscar explicacions. A primera vista, pot semblar com si l'explicació que en vol explicar d'altres hagués de ser, necessàriament, una explicació més sofisticada, més global, més profunda. També ara haurem d'anar amb compte amb les primeres vistes i amb les primeres impressions. En el terreny del pensament no és prudent refiar-se del cop d'ull; val més mirar-se les coses unes quantes vegades.

Encara que no sigui ben usual, de vegades actuem amb reiteració. Vull dir que sovint no ens acontentem amb una determinada activitat intel·lectual, sinó que, un cop feta, tornem a repetir la mateixa activitat sobre el resultat obtingut. I podem anar reiterant l'exercici diverses vegades. Tenim, per exemple, un text i en fem un comentari; i després fem un comentari d'aquell comentari; i després un comentari del comentari del comentari. O bé pensem una cosa —és a dir, tenim un pensament—, i després pensem el pensament que hem tingut, i després pensem el pensament que hem tingut sobre aquell pensament. (Aquesta tècnica de reiteració no s'ha de confondre amb un altre tipus de repetició que consisteix a plantejar-se moltes vegades el mateix problema i a donar-hi respostes diverses. Així, les nocions de felicitat o de veritat han estat tractades al llarg de la història per molts pensadors. Però tornar-se a plantejar el mateix tema des de diferents punts de vista no és tornar a aplicar una i altra vegada la mateixa activitat o la mateixa qüestió als resultats obtinguts anteriorment.)

Ara, doncs, en preguntar-nos per l'explicació de les explicacions, estem en un cas típic —gairebé en un cas límit— de reiteració. Quan diem «Per què busquem explicacions últimes?» és com si diguéssim: «Per què estem sempre disposats a preguntar “per què?” fins que s’acabin els perquès?».

4.2. Final raonable

Imaginem un diàleg durant el qual li anem reiterant, al nostre interlocutor, la pregunta «Per què?» o «Com ho saps?». El diàleg pot fer, més o menys, així: algú ens diu «Allò és un arbre», i li preguntem «Com ho saps?». Ens respon «Perquè té totes les característiques conegudes de l’arbre», i li tornem a preguntar «Com ho saps?». Contesta «Perquè el veig bé», i li repliquem «Com ho saps?». Davant el seu «Els sentits no m’enganyen», tornem a fer «Com ho saps?». La sèrie de respostes i preguntes podria continuar indefinidament.

Coses com aquesta passen; en filosofia fins i tot sovintegen. El problema ve quan se’n treuen conclusions inadequades, com ara pensar que una reiteració així —que sempre fa continuar caminant, i que sovint fa recular— té la virtut especial de convertir un diàleg normal en un diàleg profund. Com si l’interlocutor, en anar més enllà —perquè fem que es continui *explicant*—, també acabés anant més a fons. La conclusió, però, és inadequada. Quan comentem un text, sempre estem simplement fent un comentari, tant si comentem un primer text, com si comentem un comentari d’aquell text o bé el desè comentari que se n’ha fet. Participar en l’últim comentari no és pas participar en una activitat *més profunda*. I quan pensem, pensem: tant ho fem si pensem un pensament, com si pensem sobre el pensament que hem tingut d'un pensament. Que hi hagi comentaris o pensaments més difícils o més profunds que altres no té res a veure amb les vegades que hàgim reiterat la nostra acció. Certament, la reiteració d'una acció no comporta cap valor de profunditat afegit.

Vegem-ho amb exemples de la vida quotidiana. No diem pas que fem una observació més aguda o més interessant quan observem un observador que quan observem un altre objecte. Si algú que mira la televisió veu a la pantalla l'escena d'algú que mira la televisió, no diem pas que participa en una acció més profunda que si estigués mirant un concurs o un partit de futbol. En tots els casos l'espectador està simplement mirant la televisió. I el sol fet de contemplar una escena que sigui com un desdoblament de la pròpia situació no dóna pas complexitat o profunditat especials a l'acció de mirar la televisió.

Si el diàleg d'abans podia resultar una mica forçat o contrafet, imaginem que se n'ha produït un de més ben portat, en el qual també s'ha anat reiterant un «Per què?» o un «Com ho saps?». Podrem esperar que, després de la petició reiterada d'explicació, l'interlocutor ens acabi oferint una explicació *realment última*? El que és molt probable que passi és que, gràcies al procés de preguntes i respostes, les afirmacions inicials vagin esdevenint cada cop més clares, més madures, més afinades. Direm, però, al final, que hem arribat a l'«explicació última» buscada? Segons com, tinc ganes de dir que sí; segons com, he de dir que no. I és que la meva resposta dependrà de què s'entengui per «explicació última».

Diré que l'explicació a la qual finalment arribi el meu interlocutor *no* és una explicació última si per «explicació última» s'entén una explicació bàsica i fonamental, subjacent a totes les altres, i de la qual totes les altres depenen. (Els que defensen aquesta mena d'explicacions, en parlen com si es tractés d'explicacions independents que existissin pel seu compte —en algun nivell profund de la consciència o de la realitat—, i com si per trobar-les s'hagués de fer l'esforç d'excavar bé i a fons.) El diàleg reflexiu —o el diàleg filosòfic— no persegueix pas aquesta mena d'explicació última. I és que no hi ha un tipus especial d'explicacions que, pel seu compte, *siguin* les explicacions últimes, sinó que hi ha explicacions que *actuen* com a explicacions *finals dels nostres arguments*. Les explicacions, és clar, s'han d'acabar en algun moment, si no ho volem deixar tot inexplicat. Ara bé, que les explicacions tinguin un final, no significa pas que hi hagi un final que sigui *el* final de totes elles. (Que tots els humans tinguin un nom, no significa que hi hagi un nom que sigui *el* nom de tots els humans.)

Per això, segons com, també puc dir que *sí*, que l'interlocutor m'ha donat una explicació última. I és que accepto que les explicacions donades pel meu interlocutor *són* efectivament la seva última explicació, si això vol dir que, amb aquelles explicacions, ha arribat a un final raonable per a tots. Ni ell està disposat a continuar aclarint una posició que ha quedat suficientment clara, ni jo l'hi puc raonablement exigir. Això no vol dir, de cap manera, que m'hagi convençut o que no pugui, en un altre context, continuar preguntant i repreguntant. (Si arribo a casa espantat i sense cartera i em pregunten «Per què fas aquesta cara?», la meva resposta «Perquè m'han atracat» és realment l'explicació última del que ha passat. Un sociòleg, un psicòleg o un polític es poden preguntar encara «I per què hi ha atracaments?», però no seria raonable que m'ho plantegessin a casa quan hi arribo en aquelles condicions.)

Aquí s'ha de vigilar per no abandonar-se al caprici i a l'arbitrarietat. Quan parlo d'una explicació *raonable*, no em refereixo pas a una explicació que *només jo* trobo raonable, sinó que apel·lo a allò que es considera raonable en la praxi humana compartida. I aquesta és una praxi que ni m'invento ni monopolitzo. El que resulta ridícul és que jo m'entesti a esberlar aquesta praxi per allà on no es pot i que m'esforci a buscar —i a dir que he trobat— explicacions més enllà de tota explicació raonable. Si, a través de les explicacions, s'ha expressat millor el que es volia dir, si s'ha rectificat, corregit i desenvolupat el que es pretenia, llavors és que s'ha arribat a una explicació suficient. No sembla que hi pugui haver una explicació última millor que aquella que és suficient. És clar que no serà *última* en el sentit de ser definitiva, de no ser posteriorment replicable —perquè totes són replicables—, però serà, en canvi, el *final raonable* de la cadena d'explicacions. Quan això passi, podrem dir que la posició inicial ha quedat més ben *explicada* —si es vol, més ben *justificada*—, perquè tindrà més *justesa*, serà més *ajustada*, més precisa, més clara. D'aquí, però, no n'hem de treure la conclusió que aquesta posició final sigui més *profunda* o més *radical* que la primera. Mentre sigui més clara, més convincent, més acceptable, haurà fet la seva funció. Llavors, la reflexió haurà aconseguit el seu objectiu. I aquest serà un èxit prou notable.

De fet, les millors reflexions tenen sovint resultats molt simples. Ens costa, però, de reconèixer que les coses simples no sempre són coses senzilles, i que les coses senzilles poden ser coses importants. Tenim ganes d'adornar els nostres pensaments amb expressions com «últim», «profund», «essencial», «radical», que sembla que donen més vistositat i més importància a allò que fem. En aquests assumptes, però, no cal que ens donem importància. Si les coses que pensem i fem, en tenen, ja es veurà; si no en tenen, no els en podrem pas donar per molt que ho vulguem tapar amb paraules.

Quan la justificació última es converteix en obsessió, podem arribar a situacions estranyes. Alguns diàlegs filosòfics s'assemblen sospitosament al de l'adult amb l'infant que pregunta constantment «per què?».

«— La mare se'n va.

»— Per què?

»— Perquè va a treballar.

»— Per què?

»— Perquè ha de treballar.

»— Per què?

»— Per no perdre la feina.

»— Per què?

»— Perquè no ens convé que perdi el sou.

»— Per què?

»— Perquè necessitem diners per viure.

»— Per què?

»— Perquè tot és molt car.

»— Per què? ...»

Un intercanvi com aquest pot arribar a irritar qualsevol adult. La raó és ben simple: diguis el que diguis, el nen sempre podrà preguntar encara «per què?». L'adult, en canvi, no veu el «ganxo» de tants «per què?», i mai tan ben dit, ja que no veu de quina manera aquests interrogants enganxen, connecten, amb la vida ordinària. Tothom que sàpiga de què van les coses, sap també que són interrogants absolutament inútils, que la resposta al primer o al segon és ja la resposta última que pot satisfer qualsevol persona raonable.

Per irritant que resulti, però, la reiteració de l'infant és molt il·lustrativa, almenys en dos punts: d'una banda, mostra que sempre és *possible* preguntar «per què?»; alhora, però, també mostra que no sempre és *aconsellable*, és a dir, *raonable*, fer-ho. I és que, en pura teoria, sempre hi ha la possibilitat de posar un «per què?» darrere d'una afirmació, tal com sempre es pot acabar una frase amb un signe d'interrogació. Ara bé, no es veu a què treu cap això. I és que el final de les explicacions i les raons no és mai un final abstracte, sinó un final concret, marcat per l'experiència quotidiana que, de vegades, deixa oberta l'escletxa del perquè i, de vegades, no.

En aquest sentit, tot i que podríem dir que l'infant té la raó (abstracta, genèrica) de la seva banda quan va preguntant «per què?», també podríem dir que no té (concretament) raó de preguntar-ho i que, per tant, també l'adult està justificat d'acabar el diàleg com acostuma a fer, a saber, amb expressions tallants i inapel·lables com ara «Perquè sí» o «Perquè les coses són així». Potser alguns pedagogs ens dirien que l'adult que dóna aquestes respostes avorta la capacitat inquisitiva de l'infant. Si els pedagogs, però, a més de pedagogs són pares, segurament acceptaran amb nosaltres que també s'ha d'educar la capacitat inquisitiva dels infants, si no volem que els nostres fills arribin a creure que tot el que pregunten ja és una pregunta i, menys encara, que tot el que pregunten amb reiteració i insistència ja és una pregunta profunda o, com a mínim, interessant.

(Això mateix ho podríem dir de diàlegs pretesament més filosòfics que el de l'infant. I és que un «Com ho saps?» també és sempre teòricament possible, però no sempre és raonable. La cadena de preguntes del començament d'aquest apartat, que s'iniciava amb «Com ho saps que això és un arbre?» i que, a cada resposta, anava reiterant el «Com ho saps?», només s'hauria pogut acabar raonablement amb un «Perquè ho és», un «Perquè ho sé» o un combinat «Perquè sé que ho és». Aquestes respostes haurien vingut a indicar —com en el cas de l'infant— que s'ha de tallar per alguna banda la cadena d'interrogants. Hi ha cadenes que no ens permeten d'anar més a fons, senzillament perquè són cadenes que, en lloc de mantenir-nos units a la superfície, se'ns han entortolligat al coll i ja no ens deixen respirar intel·lectualment.)

4.3. Explicar i desplegar

Així, doncs, hi ha moltes menes d'explicacions. Algunes semblen més clares que altres; són també les que acostumen a estar menys subjectes a noves preguntes i interrogacions. Quan dic, per exemple, que m'han atracat, estic donant una explicació tan directa i òbvia del posat d'espantat que faig, que ja no cal que se'm pregunti res més. En canvi, quan he d'explicar per què m'agrada —o no— el teatre de Shakespeare, sembla que tinc més dificultats per donar una explicació clara i rotunda. Les explicacions sempre volen justificar l'existència o la no-existència d'algun fenomen que ens estranya o que ens fa quedar perplexos. I ho poden fer per camins diversos: certament, no serà igual l'explicació que busqui allò que ha *provocat* el fenomen —que en busqui la *causa*— que la que busqui allò que *ha fet possible* el fenomen —que en busqui les *raons*.

Vegem-ho amb uns quants exemples: si un grup de gent s'indigesta en un dinar, si els peixos d'un riu apareixen morts a la riba o l'alarma de l'edifici no ha sonat durant el robatori, buscarem ràpidament una explicació satisfactòria de la indigestió, de la mortaldat dels peixos i de la inactivitat de l'alarma. Després de comprovar diverses hipòtesis possibles, trobarem l'explicació en algun altre fenomen o fet que en pugui ser considerat el causant, com ara una maionesa en mal estat, l'abocament de residus tòxics al riu o un degoter que ha inutilitzat l'alarma. Aquestes explicacions segueixen el model causa-efecte característic de les ciències naturals. El fet de poder aillar allò que *causa* un fenomen determinat té l'avantatge de permetre la previsió de casos semblants, tant per provocar-los com per evitar-los. Fent servir una imatge podríem dir que la causa trobada fa com de *suport extern* del fenomen que s'havia d'explicar i que ens tenia perplexos. Abans de l'explicació, el fenomen quedava deslligat de la resta dels nostres coneixements —per això ens intrigava—, flotava, com qui diu, sense control. Amb l'explicació, i gràcies a ella, el fenomen queda lligat, integrat en el nostre sistema de coneixements acceptats i controlats. L'explicació causal no canvia el fenomen, però sí que en canvia la nostra percepció: en domesticar el fenomen, la nostra perplexitat desapareix.

Això, però, només val per a les explicacions que, d'alguna manera, segueixen el model causa-efecte. Hi ha altres tipus d'explicacions que no el segueixen. Tanmateix, en una societat com la nostra —molt marcada per interessos científico-tècnics—, és fàcil que aquest model científic s'hagi convertit en un model mental molt general i que siguin molts els que pensin que buscar una explicació *sempre* consisteix a buscar la causa d'un fenomen. Les coses, però, no són tan simples.

Certament, hi ha una altra manera de buscar explicacions. És la que no recorre a les causes que han pogut provocar un fenomen, sinó que apel·la a les *raons* que l'han pogut fer possible. Aquest model és característic de les ciències humanes i socials, i també és freqüentíssim en les explicacions de la nostra vida quotidiana. (Com que les coses, però, no són mai ben pures i incontaminades, sovint treballem amb elements dels dos models i donem explicacions que combinen les causes i les raons.)

Vegem també algun exemple d'aquesta manera de procedir: l'historiador que vol explicar l'aparició del feudalisme, l'economista que explica el comportament conservador de la borsa, o el psicòleg social que mira d'entendre l'agressivitat imprevisible de certes tribus juvenils urbanes, s'enfronten a fenòmens que no es poden aillar fàcilment i que, en estar connectats amb molts altres, presenten una enorme complexitat. Per això, els que examinen fenòmens així, normalment renuncien a buscar una causa que, tota sola, els expliqui. Sovint, tampoc no en fan prou de recórrer a la interacció d'una colla de causes per explicar aquells fenòmens. Perquè, en què consisteix la interacció d'una colla d'elements? Hi ha un sol tipus d'interacció o bé n'hi ha molts? Quan diem que uns quants elements interactuen, volem dir que actuen *alhora* o bé que actuen *conjuntament*? I això encara què vol dir? La interacció de diversos elements ajuda a accelerar un procés o més aviat el desaccelera? Heus aquí qüestions que —com passa sovint— són més importants pels camins de reflexió que obren que no pas per les respostes que prometen.

Certament, podem imaginar un model causal més sofisticat que el de la rígida correlació causa-efecte, un model que consti de moltes causes interactuant. Tampoc no sembla, però, que un model així pugui ajudar gaire quan el fenomen que es vol explicar o bé pertany al passat i no és reproduïble —com en l'exemple del feudalisme—, o bé és molt difús i no admet experiments fiables —com en els exemples de la borsa i de les tribus urbanes. Ara bé, un fenomen que no pugui ser explicat causalment no és pas encara un fenomen inexplicable. Perquè també hi ha una altra via d'explicació: aquesta, però, ja no buscarà les causes externes del fenomen sinó que insistirà en el desplegament —és a dir, en la *descripció*— d'aspectes que potser no han estat prou considerats o valorats i que haurien de ser tinguts en compte per examinar-los i interrelacionarlos. Ara, l'explicació no és fora del fenomen, sinó en ell mateix, en el seu interior i a les seves fronteres. Explicar-lo, explicar-se'l, voldrà dir *donar-ne raó*, trobar *raons plausibles* que ajudin a entendre'n no solament l'origen sinó també l'estructura i l'evolució.

Acabarem de veure clara la distinció entre els dos models esbossats si ens adonem que el terme llatí «explicare» ha donat pas en català a dues expressions diferents: no solament al terme «explicar», sinó també al terme més popular i quotidià de «desplegar». Efectivament, «ex-plicar» és obrir una plica, és desfer un plec, és estendre una cosa que estava plegada. A part, doncs, de l'«explicar» en sentit causal —característic de les ciències naturals—, hi ha un altre sentit d'«explicar» com a «desplegar», que és propi d'altres ciències i de moltes altres activitats de la vida quotidiana. Perquè no sempre fem com els científics de la naturalesa —que aporten causes per explicar els fets—, sinó que sovint simplement despleguem els fets davant els ulls de tothom, a fi de veure'ls millor, de descobrir-ne noves connexions, d'advertir-ne lligams que fins aleshores havien passat inadvertits o no havien estat tinguts en compte de la mateixa manera.

No costa gens trobar exemples d'aquesta mena d'explicacions en la nostra vida quotidiana. Quan algú em diu que li *expliqui* l'última pel·lícula que he vist, m'està demanant que li relati el fil argumental de la pel·lícula, que li'n doni raó. Per això desplego la trama de la pel·lícula davant d'ell. Si se'm demana que expliqui per què estic a favor de la insubmissió, de l'eutanàsia o dels drets dels animals, no em remeto tampoc a cap causa que hagi provocat en mi aquestes idees, sinó que miro de desplegar, davant els ulls dels altres, exemples, situacions i teories que facin comprensibles les meves posicions. No necessito ara un segon fenomen que justifiqui el fenomen examinat i que li faci de suport. Només necessito desplegar bé allò que examino, desplegar bé els meus arguments, perquè només m'ho puc explicar —i ho puc explicar als altres— si elimino el to confús —si es vol, rebregat—, amb què sovint ens plantegem les coses. Un cop allisada l'argumentació, queden manifestes les raons que tenim: la nova perspectiva i el nou context guanyats són l'explicació que oferim. I la perplexitat desapareix.

No es tracta, doncs, de desacreditar un tipus d'explicacions a favor d'altres, ni es tracta d'anar en contra de les explicacions que busquen causes. Però tampoc no s'ha de contribuir a escurçar la reflexió per deixar-la reduïda a un sol tipus d'explicació. La nostra experiència és més rica del que volem reconèixer. Les explicacions causals no són les úniques ni són necessàriament les millors, les més importants o les més interessants. L'existència d'explicacions que no reculen a causes prèvies sinó que remeten a un entramat complex de raons ens ajuda a entendre que explicar no sigui sempre recular, no sigui sempre anar a un fons desconegut. Sovint explicar és simplement il·luminar lligams i connexions, relacions, semblances i diferències.

4.4. Prestigi social de la ciència

Tanmateix, és freqüent que, en l'educació i també al carrer, es privilegiï l'explicació causal. Això no solament revela una actitud determinada davant la ciència i el coneixement, sinó que fins i tot revela quin tarannà es té en la comprensió del món. I és que sovint es tendeix a pensar que només les explicacions causals són explicacions autèntiques, mentre que qualsevol altre tipus d'explicació no arriba a explicar res, perquè no va prou «a fons». En aquest sentit es diu, per exemple, com a objecció, que les raons poden arribar a donar explicacions molt diverses —massa diverses— dels mateixos fenòmens. S'oblida, és clar, que el mateix es pot afirmar de les explicacions causals. En efecte, molt sovint els experts no es posen d'acord sobre quina substància ha causat una determinada intoxicació o sobre qui o què ha fet marques profundes en el sòl d'un paratge desèrtic.

S'ha de reconèixer, però, que és més habitual —i més fàcil— que ens posem d'acord sobre les causes que sobre les raons. De fet, els resultats obtinguts per les ciències naturals són molt menys discutits pels ciutadans que els resultats d'altres ciències o coneixements. Però això no passa pel fet que aquells resultats siguin menys discutibles, sinó perquè se'ls atribueix una autoritat més decisiva. De la constatació, doncs, que les causes obtenen una acceptació general més refiada que no pas les raons, no se'n pot concloure res sobre el valor d'unes explicacions enfront de les altres, sinó només sobre el valor donat a les unes enfront de les altres. Tot plegat té a veure amb el vigent prejudici social —polític, acadèmic, econòmic, periodístic— a favor de les ciències enfront de les humanitats, i a favor de les ciències naturals enfront de les ciències socials.

Aquest prestigi de les explicacions causals —com si fossin les úniques explicacions o, almenys, les millors— acostuma també a coincidir amb el prestigi del pensament deductiu.

(Breument: deduir és arribar de manera absolutament necessària a una conclusió a partir d'alguna informació anterior anomenada «premissa». El punt decisiu de qualsevol deducció és que s'obtingui la conclusió de manera necessària. Així, per exemple, si sabem que «tots els humans són mortals» i que «Sòcrates és un humà», aleshores també sabem, necessàriament, que «Sòcrates és mortal». Convé, però, anar amb molt de compte. A primera vista, sembla que si sabem que «els déus són immortals» i que «Sòcrates no és un déu», aleshores també hem de saber que «Sòcrates no és immortal». La conclusió, però, no és correcta, perquè no és *estrictament necessària.* La premissa ens deia que «els déus són immortals» però no deia, en canvi, que «*només* els déus són immortals»; i, en no dir-ho, no podem saber si no hi ha altres éssers que ho siguin i, per tant, no podem saber si Sòcrates ho és o no. La conclusió que hem tret no està garantida, perquè no és necessària, i no ho és precisament perquè encara necessita una informació que no tenim. El pensament deductiu, doncs, és un pensament de conclusions fortes i estrictes; però només ho és si es fa amb garanties i en condicions.)

Em temo que massa sovint es comet l'error de suposar que la connexió causa-efecte és tan forta i tan directa —tan *necessària*— com la connexió premissa-conclusió. Quan es parla de causes, molts se senten —estranyament— tan segurs com si es parlés de premisses que garanteixen absolutament la conclusió, és a dir, l'efecte. En la naturalesa, però, la idea de necessitat no té mai el caràcter absolut i rígid que té en lògica: ni les causes són les úniques explicacions possibles —necessàries—, ni la connexió causa-efecte és sempre una connexió absolutament estricta i evident —necessària. (Quantes vegades ens sorprenem que, havent passat això i allò, *no* hagi passat allò altre?)

Més encara: podem arribar a conclusions lògiques ben legítimes per camins no-deductius. La ciència és plena de conclusions tretes per via inductiva.

(La inducció s'oposa a la deducció justament en això: no *extreu* la conclusió *a partir de* les premisses, sinó que *produeix* una conclusió *amb l'ajut de* les premisses. Així, per exemple, si sabem que «tots els que fins ara han saltat d'un avió en ple vol han caigut en direcció a la terra», també podem afirmar que, si no varien les circumstàncies, «tots els que d'ara endavant saltin d'un avió en ple vol cauran en direcció a la terra». La conclusió és correcta, però no és lògicament necessària, és a dir, no està lògicament garantida; només està garantida per l'experiència anterior, que no és una mala garantia però no és infal·lible. De fet, les lleis de la naturalesa no són sinó generalitzacions obtingudes per inducció; i com que no donen garanties absolutes, només tenen un caràcter d'altíssima probabilitat, obert sempre a la possibilitat de fets imprevistos o excepcionals. Des d'aquesta perspectiva, s'hauria d'anar amb compte quan es considera *sobrenatural* —miraculós— qualsevol fet que no encaixa en el comportament previst per una llei natural. Fer això és perillós, perquè s'oblida que la llei natural, per definició, no cobreix tots els casos possibles, senzillament perquè els desconeix; hi pot haver casos —ben naturals i no pas sobrenaturals— que no quedin prou garantits per la llei. Llavors, però, no podrem pas dir que aquests casos *trenquen* la llei de la naturalesa: més aviat reafirmen el seu caràcter no necessari. Francament, a mi, el que em sembla realment admirable —si es vol, miraculós— no és l'excepció ocasional de la llei sinó precisament el seu compliment tan generalitzat.)

De fet, la nostra experiència quotidiana és plena de situacions de lògica no gens deductiva: així, de vegades treiem —potser ben raonablement— conclusions importants a partir *d'un sol* exemple viscut, i altres vegades, en canvi, no ens deixem convèncer ni per cent casos que, segons com, podrien semblar ben comprovats. I és que la lògica no es juga tampoc només en abstracte, sinó molt en concret i amb moltes peces. D'aquí que sovint no sapiguem explicar-nos com hem arribat a determinades conclusions. Ben cert, de vegades és molt difícil reconstruir els passos que ens van ajudar a descabdellar una situació.

Tanmateix, el prestigi i l'eficàcia de les ciències —i de les ciències més fortes— també ajuden a explicar la tendència mostrada al llarg de la història per un cert tipus de filosofia per assimilar-se al pensament científic o, fins i tot, per superar-lo. És la filosofia que s'autopresenta com la ciència de les causes últimes o de les condicions últimes de possibilitat: pretén que ella sempre pot anar encara més lluny que les ciències, perquè va a la recerca d'essències últimes que són inaccessibles, per definició, a l'activitat científica, perquè en constitueixen el substrat. No és estrany, doncs, que aquesta filosofia sigui vista sovint com una superciència o com «la reina de les ciències».

La manera de pensar i de fer filosofia que practiquem en aquest llibre és ben diferent. Aquí entenem que la filosofia també contribueix a explicar la realitat, però que no ho fa pas seguint el model causal de les ciències de la naturalesa, ni com si tingués un mètode supercausal propi. L'explicació filosòfica és més propera a la de les ciències humanes i socials, tot i que tampoc no coincideix amb ella. I és que la filosofia no reexamina els fets o fenòmens que ja examinen les ciències, sinó que examina els *conceptes* que usem quan pensem —i que sovint ens deixen perplexos—, tant si són conceptes de les ciències com de la política, la religió, l'art o de la vida quotidiana. La filosofia és l'encarregada de *desplegar* davant nostre els conceptes que fem servir, examinant-ne supòsits, usos, connexions i conseqüències. Quan la filosofia ens ajuda a aclarir un concepte, aquest perd el seu caràcter problemàtic.

Les ciències, mentrestant, han d'anar fent la seva via. La filosofia defensada aquí és una filosofia no competitiva sinó preparatòria: pretén aclarir conceptes i *explicar* arguments, és a dir, desplegar-los, perquè resultin més transparents i perquè tothom recuperi la llibertat intel·lectual de poder assumir i defensar les posicions que cregui més acceptables. I una cosa és clara: els que acceptem que, d'explicacions, n'hi ha de moltes menes, també sabem que les nostres explicacions no són mai ben neutrals, sinó que fan funcions diverses perquè responen a interessos diferents.

5

Les coses que sabem

En aquest capítol no volem reflexionar sobre allò que *podem* saber, sinó sobre allò que *realment* sabem. De fet, el terreny de la possibilitat ens iguala tots, mentre que el terreny de la realitat és el que ens fa diferents: jo *puc* saber qualsevol cosa que es pugui saber, que pugui saber qualsevol altre; en canvi, jo no *sé* qualsevol cosa que se sàpiga, qualsevol cosa que sàpiga qualsevol altre. (Si fos així, jo tot sol hauria de saber tant com tots els altres junts, perquè hauria de saber tot el que saben els altres.)

Segons com, dir què puc saber sembla que és dir molt, però, ben mirat, *és* poc, perquè és parlar del possible, del límit que separa allò que es pot donar d'allò que no. I la possibilitat només diu quines portes estan obertes i quines tancades, però no ens diu si hem traspassat realment algunes de les portes obertes, i quines. I és que la possibilitat, per definició, no discrimina, no concreta, no personalitza. Dir què sé, en canvi, és parlar de coneixements concrets. La realitat concreta és l'única que discrimina i especifica, és la que sempre és diferent quan es tracta de mi o d'un altre.

5.1. Quines coses sé segur i com ho sé, que les sé segur?

Si em pregunto quines són les coses que realment *sé*, descobreixo, com tothom, que ni tots els meus coneixements són del mateix tipus ni tenen tots la mateixa certesa. Una cosa són, per exemple, els coneixements matemàtics i una altra de ben diferent els coneixements històrics; i encara són diferents d'aquests els coneixements que em vénen de l'experiència immediata o els que em vénen de reflexionar sobre aquesta experiència.

En plantejar-me això, més d'una vegada he estat temptat de respondre la pregunta «Quines coses sé segur?», dient: «Segons com, sé moltes coses; segons com, però, no sé res. I és que sé moltes coses, però potser no en sé cap de segura.» Si no dono una resposta així és perquè sé que, en aquests temes, no convé dramatitzar. Exagerar és el recurs de la caricatura. És cert que hi ha problemes importants relacionats amb la certesa dels nostres coneixements; però també ho és que tots sabem, de fet, tantes coses que ens resultaria impossible de fer-ne una llista exhaustiva, una llista que inclogués des dels coneixements que tenim de geografia, de química i de literatura, i de tots els llibres que hem llegit o de les pel·lícules que hem vist, fins a allò que sabem del lloc on vivim, dels familiars, dels amics o de nosaltres mateixos.

Algú també ens podria fer notar que aquesta llista no és solament impossible en la pràctica, sinó que també és radicalment, lògicament, impossible. Per-què, un cop haguéssim fet la llista amb totes les coses que sabíem, ja sabríem una altra cosa —sabríem que hem fet la llista—, i això ho hauríem d'afegir a la llista anterior. Després, encara hi podríem afegir que sabíem que sabíem que havíem fet una llista de les coses que sabíem. I així, fins a l'infinit.

No ens deixem, però, endur per aquests xucladors teòrics. Ja hem vist que la cadena infinita de reiteracions ve a ser un truc filosòfic que només val en el terreny de les possibilitats, de la lògica teòrica, però no en el terreny de la realitat, de la lògica pràctica. I és que sempre tanquem, o comencem, o acabem, en algun lloc, sense deixar-nos impressionar gens per la *possibilitat il·limitada* de continuar. Sabem que es *pot* continuar, però no veiem a què treu cap, ni quin sentit té, i per això no ho fem. O és que, quan sabem que sabem que sabem una cosa, sabem alguna cosa més que quan sabem que sabem aquella cosa?

D'entrada, doncs, resulta prudent no voler ser massa sofisticat. (A l'hora de reflexionar, l'única sofisticació objectivament justificable és la que arriba quan els temes tractats es van tornant més enrevessats i complexos. Qualsevol altra sofisticació respon a algun tic de pedanteria intel·lectual.) Per això, de moment, podem dir que nosaltres —com tota la gent normal del carrer— *sabem* moltes coses, i que les sabem sense angúnies ni escarafalls. Allò que sabem, és clar, no és sempre fix, sinó que depèn, en bona part, de l'intercanvi de coneixements i d'experiències amb altres éssers humans.

Aristòtil (384-322 aC) comença la seva *Metafísica* amb la cèlebre frase «Per naturalesa, tots els humans desitgen saber». I al cap de molts segles, Descartes

(1596-1650) també comença el *Discurs del mètode* dient que «el bon sentit o raó és per naturalesa igual en tots els homes», si bé afegeix de seguida que «no n'hi ha prou de tenir l'esperit bo, sinó que el principal és aplicar-lo bé». Pel que diuen, pot semblar que es tracta de dos autors molt optimistes. Em sembla, però, que només tenen la dosi d'optimisme imprescindible per continuar enraonant i argumentant amb els altres. I és que si penséssim que ningú no té interès per saber res o que no hi ha cap manera fiable d'aplicar la raó, no tindria cap sentit que participéssim en converses i que féssim arguments. Seria més coherent que ens guardéssim les opinions i que no intentéssim entrar en un diàleg que, per endavant, ja estaria condemnat al fracàs. De fet, però, no és pas això el que fem. I el mer fet de discutir i d'esmolar la intel·ligència per trobar bons arguments ja demostra que pensem que els altres poden ser convençuts i que ens poden convèncer. Tot dependrà dels arguments, precisament dels arguments. En una paraula: el sol fet que en-raonem —és a dir, que fem raons i raonaments amb el llenguatge— mostra que creiem en la possibilitat d'arribar a acords o, almenys, d'arribar a entendre'ns. I amb això tornem a constatar la importància decisiva del llenguatge: perquè és en el llenguatge on es produeixen els raonaments, els enraonaments, les raons i, en definitiva, la lògica.

(Acabo d'afirmar que si no confiéssim en l'argumentació seria millor que ens guardéssim les opinions i calléssim. Ben mirat, he dit massa. Si no confiéssim en la raó, no podríem fer ni això, perquè quina mena d'opinions podríem arribar a tenir si no confiéssim en la capacitat de la raó per arribar a formar-les?)

La possibilitat d'arribar a acords amb altres no implica, és clar, que sempre ens *hàgim* d'acabar posant d'acord. L'experiència ens diu que no sempre ho fem. Tanmateix, acceptem que no és un objectiu *impossible*. Així, doncs, allò que en Aristòtil i Descartes semblava optimisme visceral no és sinó el pressupòsit bàsic que sustenta («per naturalesa», deien ells) les nostres opinions i els nostres arguments. Sense confiança en la raó no podríem ni començar a pensar. I això vol dir que una desconfiança generalitzada en la raó —com la representada per certes posicions postmodernes— és pura posa intel·lectual. Fa gràcia de veure l'esforç paradoxal dels que volen desacreditar la raó amb arguments racionals!

5.2. Teoria i praxi

Ara bé, tant Aristòtil com Descartes també sabien que el nostre coneixement concret té límits. Només cal apel·lar a l'experiència quotidiana per adonar-se que sovint els nostres coneixements presenten graus i matisos molt diversos. Assenyalem ara tres tipus diferents de graus en el coneixement: *a*) graus en la *freqüència* dels coneixements (*de vegades* sabem l'hora que és o què hi ha per dinar, *molt sovint* podem dir si tenim prou diners a la cartera, *gairebé sempre* sabem com ho hem de fer per anar a la feina, i *sempre* ens trobem prou preparats com per dir on som i com ens diem); *b*) graus en la *precisió* dels coneixements (que són diferentment precisos si som especialistes o afeccionats, o bé si parlem de coses amb un bon coneixement directe o només per referències indirectes); *c*) graus en la *certesa* dels coneixements (perquè en podem estar molt o poc segurs, en podem dubtar o no).

Ara és un bon moment per tornar-nos a referir a la importància molt relativa que tenen les definicions. I és que es pot saber perfectament què és una cosa sense saber-la definir. Sortosament, quan vaig a comprar nespres, mai no me n'han exigit una definició prèvia. No l'hauria pogut donar. És clar que sé reconèixer les nespres i no les he confós mai, per exemple, amb prunes. Amb això, gairebé sempre ja en tenim prou. De fet, si un dia el venedor tingués a bé il·lustrar-me amb la definició de «nespra», jo no sabria pas millor que ara què són les nespres, vull dir, que no en tindria un coneixement ni més adequat ni més fiable. Potser per això el venedor, molt sàviament, ha respectat la meva docta ignorància.

Així, doncs, no ho *sé definir* tot. Però tampoc no ho *puc definir* tot, perquè no puc assenyalar els trets essencials de realitats tan summament riques i plurals com l'amor o la felicitat sense sotmetre-les a una violència conceptual injustificada. Tot i que, ben mirat, tampoc no ho *vull definir* tot. Les definicions només s'haurien d'usar de manera instrumental —com s'acostuma a fer en ciències—, per acotar un concepte, per delimitar un aspecte, però no per copsar realitats que no són ben definides o per suplantar el coneixement pràctic de la realitat. Una definició fora de lloc i fora d'hora acostuma a estrènyer excessivament les capacitats de pensar i d'actuar. De vegades, fins i tot les escanya.

És cert que molts dels nostres coneixements són desigualment precisos. Sabem algunes coses amb força més exactitud que altres. Però, això no té res a veure amb saber-les definir més o menys bé. Podem tenir coneixements d'una precisió excepcional i no ser capaços, en canvi, de traduir-los en definicions. Pensem, per exemple, en feines tan especialitzades com les dels tastadors de vins o de cafès. Ells saben perfectament què fan i com ho fan, saben distingir collites, anyades, coccions i barreges. Però, en canvi, no saben definir amb precisió —sovint ni tan sols explicar— com ho fan. O algú sap definir el sabor del cafè? D'aquí que sigui tan difícil recollir la informació que ells donen per preparar un programa informàtic que algun dia els pugui arribar a substituir eficaçment. (Es tracta dels anomenats «sistemes experts», una de les aplicacions més dinàmiques de la intel·ligència artificial. En l'era de les màquines, potser hauríem de pensar en això: els humans sabem coses i les màquines també, però aquestes no les saben *tal com* les sabem els humans, encara que, segons com, les sàpiguen millor. I és que no és només important allò que se sap, sinó *com* se sap. Quan, a *A través del mirall*, de Lewis Carroll, la Reina Blanca pregunta a Alícia si sap sumar i li proposa una suma senzilla però molt accelerada, ens adonem que Alícia *sap* sumar, però no pas *com* una màquina.)

Sant Agustí (354-430) té un problema semblant —ara ja clàssic— amb el temps. Quan, a les *Confessions*, es pregunta què és el temps, respon «si ningú m'ho demana, ho sé; si ho vull explicar a qui ho demana, no ho sé». Ell sap perfectament què és el temps, però no es veu amb cor d'*explicar* allò que sap. Ben cert, podem saber moltes coses, i les podem saber de manera ben segura, sense tenir a mà cap criteri que justifiqui el nostre saber. I és que puc estar ben segur d'una cosa, puc actuar amb absoluta seguretat en un moment determinat, sense saber, en canvi, *per què*.

Massa sovint patim una sobrecàrrega d'intel·lectualització de la nostra vida. Abordem l'experiència quotidiana com si no fos autònoma, com si sempre necessités un tutor *al darrere* que l'orientés i la regís; aquest paper de tutor l'encomanem a la teoria, perquè sigui ella la que aguanti i expliqui la realitat amb prou garantia. Quan fem això, oblidem una veritat molt senzilla: la pràctica diària s'aguanta sola. És justament perquè s'aguanta a si mateixa i perquè s'aguanta bé que s'ha imposat com a *pràctica*, i com a pràctica *diària*. Perquè és justament la pràctica la que justifica els nostres coneixements —que viuen i es manifesten en ella— i no pas a l'inrevés. Només a partir d'aquesta pràctica com a realitat última podem distingir entre *saber*, *saber dir* i *saber fer*, que de vegades es barregen i es complementen, i de vegades, no.

Amb això no estic defensant cap mena d'irracionalisme anti-intel·lectualista ni cap actitud d'acceptació conformista de la realitat. Només estic subratllant que, si volem entendre la realitat, l'hem de saber observar i l'hem de saber descriure amb tota la seva complexitat. Això vol dir adonar-se també del fet que la nostra manera de veure el món i d'experimentar-lo *ja* és plena de teories i de racionalitzacions. Per això, el primer que hem de fer és mirar de descobrir i entendre les idees que al llarg de la història s'han anat *incorporant* a la realitat. Aparèixer amb teories *externes* a la pràctica quotidiana, com si la nostra vida, per funcionar bé, necessités crosses teòriques manllevades, és voler fer com el gran metge Hermes, que —segons ens conta Voltaire— va escriure un llibre en el qual provà que Zadig, que s'havia guarit, «no hauria hagut de guarir-se».

Les nostres reflexions teòriques estan molt bé quan ens ajuden a entendre la realitat o quan ens en dibuixen noves possibilitats. Però no hi ha cap reflexió teòrica que pugui donar més consistència a la realitat de la que aquesta ja té pel seu compte. L'explicació de les nostres accions i opinions no es troba en allò que diem per *justificar-les*, sinó en la trama vital que les sosté. Ens podem justificar amb arguments i paraules, és a dir, podem trobar arguments, raons i excuses per fer acceptable o rebutjable allò que diem o fem, però, en darrer terme, és la vida mateixa la que acaba donant el context de justificació de les nostres afirmacions i de les nostres obres. La teoria no serveix per apuntalar la realitat, sinó per entendre com està apuntalada. Per això, no ens hem d'estar de criticar l'ús abusiu i pretensiós de certes reflexions teòriques.

5.3. Precisió i vaguetat

Les males relacions entre teoria i praxi són velles i constants. Hem vist que hi pot haver una sobreprotecció innecessària de la praxi per part de la teoria. Però també es pot donar la situació contrària: la de divorci, o almenys de distanciament, entre teoria i praxi. És el que passa quan la teoria es desentén d'una praxi a la qual, és clar, no vol entendre. D'això, justament, en tenim un bon exemple en la peculiar relació que, al llarg de la història, algunes ciències han mantingut amb el coneixement precís. Efectivament, durant molts segles, l'obsessió per l'estudi de la precisió ha tingut com a conseqüència més destacada un desinterès total per estudiar allò que era l'extrem oposat de la precisió, a saber, la imprecisió (o la vaguetat), que al capdavall, té un paper predominant en la nostra vida quotidiana.

I és que la nostra vida i el nostre llenguatge són plens de raonaments aproximats i de conceptes imprecisos. Contínuament fem servir termes com ara «bo», «bonic», «intel·ligent», «ric», «ofensiu», «car», «calb», «servicial» o «lleial», amb tots els matisos i graus possibles. Són conceptes que, encara que siguin vagues —i potser perquè ho són—, ens resulten extraordinàriament útils. Alguns arriben a tenir un paper molt important en les nostres vides. Sorprenentment, però, l'estudi de la imprecisió no s'ha pogut començar a fer seriosament fins ja ben entrat el segle XX. L'examen breu d'aquest divorci i de com s'ha començat a superar potser ens ajudi a entendre alguna cosa més de l'evolució del saber en aquests últims segles.

Des de Plató i Aristòtil fins ja ben començat el segle XX, la matemàtica i la lògica —«ciències exactes» per excel·lència— han estat obsessionades per la *precisió*.

La *matemàtica* es va concentrar en l'estudi d'objectes inanimats (ideals i perfectes) i de figures i cossos regulars, però va deixar de banda l'estudi dels éssers vius i dels cossos irregulars que, de fet, són els més freqüents. Així —i per influència platònica—, la matemàtica es va dedicar, durant segles, a l'estudi sobretot de l'aritmètica, la geometria, l'astronomia i la música. Les coses no van poder començar a canviar sinó a partir de la teoria de conjunts de Georg Cantor (1845-1918): llavors la matemàtica va deixar de treballar exclusivament amb igualtats per treballar també amb desigualtats. Els seus resultats no es van mesurar només per la certesa sinó pel grau de probabilitat. La «precisió» va ser substituïda per l'«aproximació». Només llavors van esdevenir dignes d'atenció els objectes canviants i irregulars: d'aquí que la matemàtica s'interessés per la biologia —sobretot per la genètica— i també —gràcies a l'estadística i a la teoria de probabilitats— per algunes de les ciències humanes i socials més actives, com ara l'economia, la geografia, la sociologia, la lingüística o la psicologia.

D'altra banda, i també durant molts segles, la *lògica* només es va ocupar de raonaments amb formulacions molt precises. Era una lògica bivalent, segons la qual les proposicions que contenien predicats precisos només podien tenir dos valors: «verdader» o «fals». Això, és clar, només val per a predicats del tipus de «llicenciat en dret» o «empadronat a Girona», perquè, *per a qualsevol cas que es presenti*, sempre es pot decidir si X i Y són, o no, llicenciats en dret, si estan, o no, empadronats a Girona; una tercera possibilitat no existeix. La lògica bivalent és com un interruptor que només té dues posicions, «encès» o «apagat». Aquesta lògica, però, quan s'enfronta a proposicions amb predicats imprecisos o vagues —que són la majoria—, ja no sap què fer. I és que llavors ja no ens pot ajudar a decidir, *per a qualsevol cas*, si X i Y són calbs o no, si són o no són rics, bons o amables, perquè, de tot això, se'n pot ser molt, poc o gens. I és que els conceptes vagues admeten, precisament per ser vagues, molts graus i matisos. L'interruptor de dues posicions —que simplement obre o tanca— ja no ens serveix quan el que necessitem és un difusor de llum que la pugui graduar a conveniència.

La dificultat, però, de respondre al repte de la imprecisió no preocupava a la lògica. Ella s'interessava només per la precisió, i la vaguetat n'era justament el límit. Per això, la lògica clàssica s'esforçava contínuament per guanyar espais a la imprecisió; i ho feia o bé mirant de precisar els conceptes imprecisos, o bé mirant d'aillar la imprecisió per tal d'evitar-la. La situació no podia canviar si no es capgirava radicalment el punt de vista, si no es posava la imprecisió en el centre de l'atenció i no es passava a considerar la precisió només com el límit de la vaguetat. Això va començar a ser possible a partir de 1965, quan Lotfi Zadeh va introduir la *lògica borrosa*. (El terme anglès *fuzzy logic* sembla quedar més ben traduït si parlem de «lògica borrosa» o de «lògica de la vaguetat» que no pas de «lògica difusa».) Aquesta lògica —en beneficiar-se de l'aparició de lògiques polivalents que superen la idea de dos valors per a cada proposició— accepta que hi ha una escala permanentment graduable de valors. La lògica borrosa ofereix l'instrumentari per traduir en formulacions matemàtiques expressions com ara «molt calb», «bastant calb» o «no gaire calb».

Així, doncs, la matemàtica i la lògica recents han començat a reparar l'error històric d'haver-se allunyat d'una experiència quotidiana que és plena de conceptes vagues i de raonaments imprecisos. No deixem, però, el tema de la precisió del coneixement sense advertir d'un error molt freqüent: el de confondre la vaguetat amb l'ambigüitat. Una expressió és *ambigüa* quan té més d'un significat possible en un context determinat i no se sap ben bé quin és el significat correcte («Quan vaig mirar al seient del darrere, em vaig adonar que havia perdut el gat»). L'ambigüitat té relació, doncs, amb la polisèmia (en aquest cas, de la paraula «gat»: eina o animal). La vaguetat, en canvi, no. Una expressió *vaga* només té un significat en un context determinat, però es tracta d'un significat vague que de vegades no és ben fàcil d'interpretar o d'avaluar («El meu germà és calb»).

Tant l'ambigüitat com la vaguetat són freqüents i poden arribar a ser molt eficaces en la pràctica lingüística. Així, molts acudits basen el seu cop d'efecte en una ambigüitat que, en no ser prevista per l'oient, fa riure quan es descobreix. D'altra banda, la majoria d'expressions vagues d'ús quotidià no solament són acceptables i acceptades, sinó que són literalment insubstituïbles. Així, «Tireu-hi una polsada de sal», «Ajunteu-vos una mica de res més» o «Vindré cap a les 10», són expressions usuals i la mar d'útils en una recepta de cuina, abans de tirar una foto o quan s'acorda una cita. Si volguéssim substituir-les per expressions molt precises quant a pes, espai o temps, no solament ens hi entrebancaríem, sinó que no milloraríem gens el rendiment natural de les expressions anteriors. I és que l'interès per la precisió respon sempre a objectius concrets. La dèria d'una precisió fins a la mil·lèssima de segon resulta adequada quan es tracta, per exemple, de cronometrar una cursa olímpica, però no si es vol saber el temps que ha de coure la verdura o l'estona que es tarda per anar a peu fins a l'estació. I és que cada grau de precisió —o d'imprecisió— necessita un context en el qual pugui fer el seu paper.

5.4. Certesa i escepticisme

La *certesa* del coneixement també admet graus i matisos. Aquest és un punt que ha estat molt debatut al llarg de la història de la filosofia i que s'ha convertit en central en l'època moderna, sobretot per influència de l'obra de Descartes.

De gent amb tarannà escèptic —gent crítica i un pèl incrèdula—, n'hi ha hagut sempre. Ara bé, l'escèptic pròpiament dit —i el filosòficament més interessant— és el que nega que es pugui conèixer res amb absoluta certesa. El seu argument arrenca de fets que resulten molt quotidians i a l'abast de tots: de vegades, els sentits ens enganyen; de vegades, experimentem intensament una realitat que després resulta ser un somni. Generalitzant fets com aquests, l'escèptic pensa que, si de vegades ens enganyem, també podria ser que ens enganyéssim sempre. Segons ell, no hi ha cap coneixement segur del qual ens puguem fiar del tot.

És molt possible que nosaltres mateixos estiguem temptats de dir, alguna vegada, coses com «No puc saber res segur». I és que, encara que sàpiga una cosa, si algú em pregunta «Ho saps *segur*?», pot ser que em vingui el dubte de si el meu saber és *tan* segur com em pensava. El dubte acostuma a ser encara més fort quan la pregunta «Ho saps *ben segur*?» té un crescendo que sembla exigir com a resposta *seguretat absoluta*, una seguretat que, per tenir totes les garanties, sembla que ha de ser d'un tipus *molt i molt especial*, *molt extraordinari*.

Sovint s'ha volgut atacar l'escèptic posant en dubte la seva consistència —pràctica i teòrica— i acusant-lo de contradictori. S'ha dit que l'escèptic radical és incoherent perquè, si mantingués de debò la seva posició, no podria arribar a tenir opinió sobre res ni a manifestar-se sobre res. I és que qualsevol opinió ja *pressuposa* que alguna opinió —la meva o la d'algú altre— pot ser verdadera.

Aquesta manera d'argumentar contra l'escèptic em sembla fluixa. És clar que tenir opinions implica confiar en la capacitat de la raó per arribar a formar-les. Però això només val per aquells que *tenim* opinions, és a dir, que defensem certes posicions i en rebutgem d'altres. No és, en canvi, contradictori —encara que pugui resultar molt rar— que hi hagi algú que simplement *usi* totes les opinions sense comprometre-s'hi, perquè pensa que ningú no pot demostrar que són verdaderes o falses. I és que l'escèptic no posa en dubte la capacitat de raonar, sinó només la capacitat de fer-ho de manera conclusiva i absolutament certa.

A més, no comparteixo l'estranya idea que diu que la millor defensa és un bon atac. Per això em sembla fluixa l'estratègia de pensar que, per defensar les pròpies posicions, n'hi ha prou d'atacar les contràries. Que els nostres contricants no tinguin raó, encara no significa que nosaltres en tinguem. Sóc partidari, doncs, d'argumentar de manera directa i positiva a favor de les pròpies idees. Amb això, però, no vull pas dir que hàgim d'*ignorar* la posició oposada. Al contrari, la manera més intel·ligent —i eficaç— de rebutjar la posició d'algú és fer-ho preguntant-se, alhora, si no se'n podrà aprofitar algun aspecte interessant per a la pròpia reflexió.

Si adoptem aquesta actitud davant l'escèptic, ens adonarem que el punt realment interessant de la seva argumentació és precisament el *tipus* d'error que comet. Es tracta d'un error enormement atractiu i molt alliçonador. (Pensar és un exercici sorprenent. Sempre s'hi pot aprendre. I alguns errors són particularment instructius.) A primera vista sembla que l'escèptic ataca les arrels —els fonaments segurs— de *qualsevol* coneixement, de *tot* coneixement, que així queda al descobert i sense fonamentació. Per això, tots els filòsofs —amb Descartes al capdavant— s'han afanyat a revisar els fonaments del coneixement, per consolidar l'edifici amb garantia total. (Descartes només voldrà acceptar allò que es presenti al seu esperit de manera tan clara i distinta «que jo no tingués cap motiu de posar-ho en dubte».)

I aquí rau justament el problema. Perquè l'escèptic demana *un* fonament per al coneixement, és a dir, per a *qualsevol* coneixement, per a *cadascun* dels nostres coneixements. I si bé és cert que els nostres coneixements necessiten —i tenen— un fonament, no és cert, en canvi, que hi hagi *un* fonament que sigui aquell que *tots* necessiten. La diversitat dels coneixements impossibilita que tots ells trobin la seva fonamentació allà mateix. (Això seria —per seguir amb la imatge cartesiana de l'edifici— com trobar *un* fonament per a *qualsevol* edifici possible. El projecte té tan poc sentit com buscar la vacuna per a qualsevol malaltia possible.)

La discussió d'aquest tema està plena d'errors, perquè tant s'equivoca l'escèptic com els seus oponents, si bé per raons diferents. L'escèptic demana un fonament últim del coneixement que sigui absolut i necessari, i afirma que un fonament així és *impossible* de trobar. Descartes —amb molts altres— accepta el plantejament de l'escèptic i només discrepa d'ell en la solució, perquè pensa que aquell fonament es pot trobar i afirma que ell l'ha trobat: és el cèlebre «Penso, doncs, existeixo». L'escèptic i Descartes només discrepen, doncs, en si és impossible o possible de trobar el fonament. En contra de tots ells s'ha de dir que el fonament que busquen no tan sols *no és necessari* sinó que *és impossible*. I, si és impossible, també ha de ser, és clar, *impossible de trobar*. L'escèptic, doncs, no té raó quan diu que no podem estar absolutament segurs de res, però en té —sense voler— quan diu que no podem trobar *un fonament absolut* per garantir la certesa del coneixement.

Kant va titllar d'«escàndol de la filosofia» el fet que, a la seva època, encara no s'hagués arribat a refutar l'escepticisme. Des de la perspectiva que aquí defensem, el que és escandalós no és que no s'hagi trobat un fonament satisfactori per a tot el coneixement —perquè és impossible de trobar—, sinó que no s'hagi sabut rebutjar la petició d'un fonament d'aquestes característiques. (Són l'error i l'escàndol que es repeteixen sovint en filosofia: en comptes de rebutjar la pregunta, se li vol donar resposta. Però, quan la pregunta és dolenta, qualsevol resposta també ho és. Això mateix ens passaria si volguéssim realment contestar la pregunta «Què pesa més: el vermell o l'amor?». Una pregunta així, s'ha de desemmascarar perquè, si s'accepta, s'arrossega sempre més sense cap esperança de solució.)

Capgirem, doncs, el plantejament abstracte de l'escèptic i dels seus oponents. Ens hi pot ajudar la distinció entre «dubtable» i «dubtós». I és que, encara que en abstracte es pugui dubtar de tot —tot sigui dubtable, qüestionable—, de fet, no tot és dubtós, no tot ofereix dubte. I no podem oblidar que, si el coneixement necessita raons —l'escèptic en reclama de definitives—, també el dubte en necessita —i l'escèptic no ens en dóna. No *puc* pas dubtar de qualsevol cosa que *vulgui*. Dubtar no depèn de la meva voluntat.

A hores d'ara ja sabem que sempre podem posar un interrogant al darrere de cada afirmació, però que això no vol pas dir que aquella afirmació s'hagi convertit, automàticament, en un dubte. (Si acabés cada frase amb un signe d'admiració, tampoc no voldria dir que tot m'admira.) Perquè, què vull dir quan dic, per exemple, que dubto de si tinc realment un cos? No en puc pas dubtar impunement, d'això, perquè resulta que vesteixo i alimento el meu cos cada dia, i el veig quan el poso davant un mirall. Si dic, doncs, que dubto de si tinc o no tinc cos, també hauré de dubtar de tantes i tantes altres coses que el resultat no serà que no sé res, sinó més aviat que ja no sé què m'empesco.

Com que el saber —com el dubte— té graus, té contextos i té límits, hi ha coses que les sé segur i coses que no. És clar, doncs, que saber i dubtar no estan renyits, sinó que justament es necessiten. Vull dir que només hi ha plena certesa —saber pròpiament dit— quan hi *pot* haver dubtes, encara que potser, de fet, no n'hi hagi. Si no hi pot haver dubte, tampoc no hi pot haver certesa, perquè el coneixement cert és aquell que es pot comprovar, aquell de què es pot dubtar.

Així, ben mirat, és un abús de llenguatge afirmar «Sé segur que penso». I és que això no ho puc *saber*, senzillament perquè és impensable que en tingui cap dubte o que ho pugui comprovar de cap manera. En realitat, no ho *sé* que penso; els pensaments, simplement els tinc; d'ells, en tinc una evidència total. I és que és molt diferent el coneixement que jo tinc de la meva pròpia ment i el que tinc de la ment dels altres. Jo puc *saber* si els altres pensen o no, si pateixen o no, perquè en puc dubtar i em puc equivocar. De mi mateix, en canvi, no puc pas dir que ho *sé*. (En el primer capítol he dit que em puc autoenganyar a l'hora d'entendre *què* penso, quines coses penso. Ara dic —i és diferent— que no em puc autoenganyar quan constato *que* penso, que estic pensant.)

Ja es veu, doncs, que quan dic «Ho sé segur», no vull pas dir, ben al contrari, que no em pugui equivocar; només vull dir que tinc raons sòlides per a la meva afirmació, i que *ara* no veig com podria dubtar i com em podria equivocar, quin lloc hi hauria aquí per al dubte o per a l'error, què voldria dir que aquí m'equivoco. (El sistema judicial accepta precisament un principi de certesa que es formula així: el tribunal ha d'estar segur de la culpabilitat de l'acusat «més enllà de qualsevol dubte raonable». És a dir, s'està *segur* —si es vol, *ben segur*— de la culpabilitat, quan el dubte que es pugui presentar ja no és un dubte raonable, sinó un mer dubte acadèmic que fa dubtar per ganes de dubtar.)

Si diem, però, que el saber *mai* no és infal·lible —per tant, que, malgrat tot, sempre *és possible* que ens equivoquem—, també haurem de dir que no és possible que, de fet, *ens equivoquem sempre*, perquè si això fos possible, ja no es tractaria d'un error possible sinó d'un error necessari. Poder cometre errors vol dir precisament que no en podem cometre sempre. Tal com el saber té relació amb el dubte, també l'error ha de tenir *alguna* relació amb el coneixement. Si no hi hagués coneixement, no sabríem què vol dir «error».

Enfront de la imatge cartesiana de l'edifici —que s'imagina el coneixement com una construcció de pisos a partir d'un fonament absolut—, val més que adoptem la imatge del coneixement com a xarxa: els nostres coneixements, hipòtesis, opinions, principis, creences i conviccions són com fils nuats que formen retícules de malles. Tots es donen solidesa els uns als altres, perquè res no depèn d'un sol fil, sinó que cada fil depèn de la fortalesa del conjunt. No n'hi ha cap d'absolutament privilegiat i únic. Però, és clar, sempre n'hem d'anar examinant molts per arribar a entendre'n alguns.

6

Veritat i coneixement

El sistema democràtic d'una societat econòmicament avançada es caracteritza, entre altres coses, per l'acceptació del pluralisme ideològic i polític. Això vol dir que no hi ha cap instància social, política, religiosa, o de qualsevol altre tipus, que pugui *imposar* principis, doctrines o opinions. Però, perquè les opinions i doctrines puguin ser assumides o rebutjades lliurement, també hi ha d'haver llibertat per exposar-les, defensar-les i discutir-les en públic. (En el terreny econòmic, això té la seva correspondència en la prohibició del monopoli i en el foment de la lliure competència.)

Ara bé, l'acceptació social del pluralisme comporta un canvi important en la concepció tradicional de la veritat. I és que el monopoli doctrinal no solament equivalia, de fet, a un monopoli de la veritat, sinó que també donava primacia a l'anomenada «veritat objectiva» per sobre de la llibertat individual: els humans teníem l'obligació de conèixer la veritat i, per tant, també l'obligació d'acollir-la i defensar-la un cop coneguda. El pluralisme, en canvi, parteix de la idea que la veritat no és necessàriament monolítica, sinó que hi pot haver molts punts de vista verdaders, molts aspectes diversos i acceptables de la veritat, i que hi pot haver diverses veritats compatibles. La primacia ara no està en la veritat sinó més aviat en la seva recerca. I cadascú pot legítimament defensar la posició que vulgui encara que sigui tinguda, per altres, com a errònia. La democràcia posa límits a certes pràctiques ideològiques o polítiques, però els límits no vénen de la imposició d'unes determinades opcions sinó, al contrari, del compromís de defensar la llibertat d'opció de tots. Els humans tenim, doncs, dret a buscar la veritat allà on la descobrim i a defensar-la tal com l'hàgim descobert. L'única obligació rau ara en el respecte a la llibertat i a la dignitat dels individus.

6.1. Com ho faig per decidir qui té raó?

La pregunta filosòfica típica per encapçalar un capítol com aquest seria, sens dubte, «Què és la veritat?». I una pregunta així s'hauria d'abordar donant prioritat a la discussió de diverses *teories* de la veritat. Ara bé, en el plantejament d'aquest llibre, l'elaboració de teories resulta menys urgent —menys important— que l'examen del funcionament real dels nostres conceptes i, doncs, dels seus matisos. Per això és molt més interessant que ens preguntem «Com ho faig per decidir qui té raó?».

L'intent de respondre a aquesta pregunta no solament ens farà adonar dels criteris de veritat que realment *apliquem* sinó també de la dificultat de descobrir aquests criteris a partir d'una pràctica quotidiana que gairebé sempre és espontània i no meditada. La reflexió, però, sobre els criteris que apliquem a casos i situacions concrets és allò que ens pot aportar una major comprensió de la complexitat de la realitat. En canvi, *una* teoria de la veritat difícilment serà mai suficient per abraçar tot allò que nosaltres considerem verdader.

De moment, ja podem advertir que la pregunta que encapçala el capítol defuig, precisament, la resposta única: no en té *una*, de resposta, sinó moltes. Ens haurem d'anar acostant, doncs, a algunes d'aquestes respostes, sense poder oferir receptes definitives. Amb aquesta manera de procedir em voldria desmarcar ben clarament de la filosofia ideològica que pontifica sobre la veritat —o sobre qualsevol cosa, fins i tot sobre el no-res— i que sembla creure —i voler fer creure— que les afirmacions ideològiques tancades tenen una solvència superior. Ens convé recordar constantment que el pensador i el filòsof no disposen de fonts d'inspiració privilegiades, sinó que comparteixen les de tothom: la reflexió i l'experiència.

Gràcies a la seva dedicació i al seu entrenament, el pensador, el filòsòf o l'intel·lectual poden aportar instruments d'anàlisi i elements de reflexió que ajudin a pensar. Però no poden pretendre, de cap manera, ni que el seu ajut sigui decisiu ni, encara menys, que les seves opinions personals siguin millors que les dels altres. Sempre haurem d'anar comprovant quines reflexions són més eficaces, més il·luminadores, més estimulants. Al pensament no se li pot fer cap xec en blanc. Pensar és una activitat que mostra —i que ha d'anar mostrant contínuament— la seva capacitat i els seus límits. Sempre que pensem —tant si som filòsofs com si no—, posem a prova les possibilitats de la raó. Amb això, reafirmem la majoria d'edat dels humans per pensar pel seu compte i reivindiquem el pluralisme ideològic.

Avui alguns lamenten que la influència d'ideòlegs i intel·lectuals hagi disminuït. Sovint ho atribueixen a una disminució de la capacitat reflexiva de la gent. No comparteixo per res aquesta opinió. D'una banda, no trobo que la influència social dels ideòlegs hagi disminuït prou; tant de bo fos així. D'altra banda, encara que s'hagués produït aquesta suposada disminució d'influència, no veig per què s'hauria d'atribuir a una actitud reflexiva menor per part de la gent. L'argumentació més aviat em sembla poc digna: perquè no és correcte recórrer al descrèdit moral dels altres per explicar una pèrdua d'influència pròpia. També es podria donar una altra interpretació —menys interessada— de la presumpta pèrdua d'influència d'aquests intel·lectuals, i dir que és deguda al fet que tothom ja és *més* reflexiu i més autònom que abans —no pas menys—, de manera que la gent cada dia necessita menys direcció espiritual per fer el seu camí.

Ja he dit, però, que no em sembla que s'hagi produït la pèrdua d'influència que alguns ideòlegs lamenten. Em temo que avui la població continua vivint influïda per pressions ideològiques extraordinàries, que sovint li arriben per camins indirectes i aparentment innocents, com ara les notícies, les estadístiques o els informes d'organismes públics i privats. En aquest punt, el meu desideràtum seria ben clar: que s'anés produint una progressiva pèrdua d'influència ideològica de la minoria (intel·lectual) a favor d'un augment del poder ideològic de la majoria (social). Si això passés, no m'atreviria a lamentar-ho com una desgràcia, sinó que, ben al contrari, ho celebraria com un enorme benefici democràtic. Les ideologies de control tenen el seu lloc més natural a l'antic règim. Si avui encara no les hem abandonat, és perquè, malauradament, tampoc no hem abandonat encara la situació mental i social d'antic règim.

El pluralisme i l'autonomia personal a l'hora de pensar o de prendre decisions són, certament, conquestes modernes que, en la seva forma actual, només es poden entendre per influència de la Il·lustració i de la Revolució Francesa. En aquest sentit és extraordinàriament significativa l'actitud de l'escriptor alemany G. E. Lessing, 1729-1781 —un dels grans representants de la Il·lustració—, que diu que si es trobés davant déu i aquest li deixés triar entre la veritat i la recerca de la veritat, ell, sense dubtar-ho ni un instant, no es decantaria per la veritat —que només correspon a déu—, sinó per la seva recerca, malgrat el risc d'equivocar-se. Aquesta és l'actitud que, a partir d'aleshores, ha caracteritzat l'home modern.

És evident, però, que el pluralisme no pot excloure dues coses: ni que hi continuï havent grups que reivindiquin estar en possessió de la veritat, ni que hi hagi milions i milions de persones que —per tradició, pressió social o influència mediàtica— acabin uniformats en el pensar o en l'actuar. I és que el pluralisme no pot evitar ni les reivindicacions dels uns ni l'eficàcia dels altres —que poden ser els mateixos— a l'hora de convèncer o d'influir. El pluralisme ideològic només garanteix que tots els grups podran fer valer les seves idees sense coerció ni censura, però no pot decidir si aquestes idees es faran valer amb més o menys èxit. En una societat de lliure mercat això depèn, en gran manera, de mecanismes de propaganda i de control. Però també depèn, és clar, de la capacitat de cadascú per argumentar i raonar d'una manera autònoma i crítica.

6.2. Criteris

El pensament crític, però, és sempre un pensament concret. Per això, la resposta a la pregunta «Com ho faig [en cada cas] per decidir qui té raó?», depèn sempre del cas escollit. «Qui té raó?» no es pot preguntar mai en abstracte, sinó que sempre és un «qui té raó sobre això o allò?». I llavors tot depèn dels criteris que apliquem. De criteris, però, n'hi ha de molts tipus.

Hi ha casos en què *tenim criteris* clars per saber qui té raó: els rellotges —sobretot certs rellotges— ens ajuden a decidir qualsevol discrepància sobre l'hora que és; segons l'edat i segons el tipus de qüestió que es plantegi, seran el mestre, la mare, un llibre o potser el diari o la televisió els que ens serviran de referència definitiva per sortir de dubtes sobre un fet, una data o una informació; si es tracta, en canvi, d'un diagnòstic difícil, serà la coincidència de diversos professionals de prestigi allò que ens acabarà fent el pes. Fixem-nos, doncs, que, com més clar i ben delimitat és el problema, més fàcil ens és de decidir qui té raó en una qüestió determinada, és a dir, més fàcilment disposem d'un criteri de decisió clar. La pràctica quotidiana es cuida de desenvolupar criteris que apliquem amb força automatisme en tots els casos que es repeteixen sovint. Així, doncs, per a la majoria de discussions que tenen a veure amb fets o amb opinions estretament lligades als fets, apel·lem com a *última autoritat decisòria* a certes instàncies externes —siguin mecanismes, lleis, regles, instruments, filmacions, persones o institucions— que, de forma més o menys automàtica, ens diuen qui té raó. (Evidentment, això no vol dir que la decisió sigui infal·lible, ni que l'aplicació del criteri sempre sigui reeixida.)

Hi ha, però, molts altres casos en què *no tenim criteris* tan clars per saber qui té raó: per exemple, quan discutim sobre la conveniència de construir, o no, una determinada carretera, quan discrepem sobre quin és el millor jugador d'un equip de futbol, o quan debatem si hem de dir al malalt la veritat sobre la seva malaltia. El que distingeix aquests casos dels anteriors és que no podem resoldre les discussions apel·lant a criteris *prèviament acceptats* per tots, que és el que fèiem abans, quan ens emparàvem en un instrument, una norma o un tècnic per solventar el problema.

Per tant, la primera cosa que hem de fer ara és posar-nos d'acord sobre els criteris de decisió que aplicarem. Discutir sense criteris sobre qualsevol d'aquestes coses, pot eternitzar —i, de fet, sovint eternitza— la discussió. Si primer aclarim quins criteris acceptem per jutjar la qualitat d'un jugador —el xut, el passi, els gols, l'entrega, etc.—, o quins acceptem per prendre una decisió amb un malalt —la seva voluntat, l'estat d'ànim, la possibilitat o impossibilitat de mentir-li, etc.—, haurem avançat considerablement en la resolució de la discrepància. No dic que sempre sigui fàcil posar-se d'acord sobre els criteris que s'accepten. No dic tampoc que, quan es tenen els criteris, sempre sigui fàcil d'aplicar-los de la mateixa manera. Només dic que, en casos així, aquest és l'únic camí racional, argumentat i, doncs, objectiu, d'arribar a alguna conclusió. El debat sobre els criteris que s'han d'aplicar acostuma a ser un debat que enriqueix i que sempre ajuda a fer camí.

Ara bé, també hi ha discussions en què *ni tenim criteris de decisió ni els podem tenir*. Això passa, per exemple, quan donem interpretacions discrepants sobre si un malalt greu pateix o no. Qui té raó? Hi ha contraccions de la cara del malalt que a estones semblen avalar que pateix, però que també poden ser interpretades com un somriure, i que llavors es transformen en un badall, acompanyat d'una estreta de mà, etc. Aquí, doncs, els criteris sembla que apareixen i desapareixen i, en qualsevol cas, són molt difícilment interpretables. De fet, sempre que mirem d'endevinar què pensa un altre en un moment determinat, estem en una situació semblant. Cadascú de nosaltres té els seus arguments per interpretar què està pensant aquella persona —la mirada, els llavis, l'analogia amb situacions experimentades per nosaltres mateixos, etc.—, però el cert és que, *l'únic criteri* realment decisiu per saber qui té raó en la seva interpretació és que la persona mateixa confirmi o desmenteixi una interpretació. I si ella no ho vol fer o ens vol enganyar, no tenim manera de saber-ho *segur*.

En casos així, nosaltres opinem, fem interpretacions i jutgem sense tenir criteris on recolzar els nostres judicis. Això, però, no significa pas que actuem irracionalment. Només seria així si —com en els casos anteriors— tinguéssim la possibilitat d'establir criteris i no ho féssim. Hi ha casos, però, en què aquesta possibilitat no existeix. I llavors hem d'actuar sense criteris: actuar sense criteris no vol pas dir, però, actuar sense criteri, és a dir, sense judici. És clar que va molt bé poder aplicar criteris per decidir qui té raó, però això no és pas l'única cosa que podem fer. Quan mantenim opinions diverses —per exemple, sobre què està pensant algú— i no disposem de criteris de decisió, encara tenim un altre camí per veure qui té raó.

Recordem que, molt sovint, som capaços d'entendre judicis i accions perquè despleguem bé els arguments i les raons d'allò que estem examinant, de manera que tot queda suficientment clar davant nostre. Així mateix, podem justificar el nostre judici sobre què pensa un altre tot apel·lant als anys que fa que el coneixem, als problemes que ara té, a la seva timidesa, a la seva poca vista, etc. O dit d'una altra manera: com que no podem recórrer a cap criteri que faci automàticament acceptable el nostre judici, hem de reconstruir el *context* que l'aguanta, perquè és gràcies a aquest context que resulta més o menys plausible. Un cop fet això, tot queda en mans dels altres: que acceptin, o no, que tenim raó, ja només depèn de la perspicàcia del *seu* judici.

Un símil pot ser aquí molt oportú: sovint, les discussions sobre qui té raó —i, doncs, moltes discussions en el terreny de la filosofia, de l'art o de la política— s'assemblen a allò que passa en un tribunal de justícia. És cert que en un tribunal de vegades es discuteixen qüestions *de fet*, per exemple, sobre l'hora exacta, el lloc o l'arma d'un assassinat. Molt sovint, però, resulta que les dues parts en litigi estan d'acord en tots els fets i discrepen només en la *valoració* que s'hi pugui donar. Una part diu que l'acusat és un assassí perillós, o un terrorista; l'altra part sosté que és una víctima —ingènua i manipulada—, o que és un patriota. En un cas així, el judici oral no serveix per establir els fets —que ningú no discuteix—, sinó per precipitar el desplegament de les argumentacions, és a dir, dels contextos d'allò que s'ha de jutjar. (És clar que tenir en compte el context de l'acció és important en qualsevol judici, també en els que es discuteix sobre fets; però hi ha ocasions en què el desplegament del context mostra una rellevància especialment decisiva.)

La feina del jutge o del jurat consisteix, doncs, a arribar a *entendre millor* allò que ja *se sabia*, però que potser no se sabia *d'aquella manera*. I és que es poden saber coses sense haver-les entès gens ni mica.

Si volem abandonar el prejudici de la raó única, també ens hem de plantejar el problema de «les mitges veritats», que tenen tan mala fama. Sovint se sent dir que val més una mentida que mitja veritat. Això pot ser cert quan la mitja veritat s'usa com a recurs per amagar informació verdadera i rellevant. Llavors, la mitja veritat només és veritat a mitges. Però, no sempre és així. Sovint diem simplement el que sabem, encara que algú altre pugui considerar-ho «mitja veritat». Si aquella persona en sap més, que vingui i ho expliqui. I és que, quan no hi ha intenció de mentir o d'amagar res, les veritats parcials —les mitges veritats— tampoc no poden ser dolentes. Només seran, segurament, insuficients.

De fet, les insinuacions sobre «les mitges veritats» no sempre són clares; senzillament perquè tampoc no és gens clar en què consistiria «la veritat total» que es pressuposa. I és que no sempre és fàcil de saber què és o quina és *tota* la veritat. La idea de «dir la veritat, tota la veritat i res més que la veritat» ens ve de les pel·lícules, però també dels tribunals de justícia. I acabem de veure que, per als tribunals, la veritat rellevant no depèn només dels fets, sinó també, de manera primordial, de l'articulació dels fets, de la seva interpretació i, doncs, de molta informació contextual, fins i tot d'informació que alguns considerarien al·luvial i residual. En un tribunal, dir tota la veritat és un afer tan seriós i important com es vulgui, però també és molt vague i molt fràgil.

En un tribunal, en la vida quotidiana o en la investigació científica, «tota la veritat» no acostuma pas a funcionar amb el to emfàtic i definitiu que sovint atribuïm a aquesta expressió. «Tota la veritat» és senzillament la veritat de què es disposa sobre un assumpte o bé la veritat que es coneix i que fa referència a allò que es pregunta. Més encara: qui està disposat a «dir (tota) la veritat», no garanteix pas que la coneix tota i que la revelarà sense llacunes; ell només es compromet a no dir res que sàpiga segur que és fals. I és que «tota la veritat» té un to pretesament neutral, objectiu i desinteressat, que els nostres coneixements i les nostres accions no poden pretendre de tenir. *Sempre* —fins i tot quan no tenim intenció de mentir— ens aproximem als fets, als records, a les experiències, *des del nostre punt de vista* —punt de vista inevitable, perquè no podem abandonar la nostra història ni la nostra pell— i, per tant, sempre diem la veritat sense poder prescindir dels nostres coneixements, interessos, passions, obsessions i hàbits. És clar que dir la veritat comporta rigor, però la veritat sempre és dita per *algú* i aquest algú, per bona fe que tingui, no és un ésser que es pugui desencarnar i descontextualitzar.

Per això és tan alliçonadorament paradigmàtic el cas del tribunal de justícia: que un testimoni digui *tota la veritat* no vol dir encara que el testimoni tingui *tota la raó*. Tota la veritat que diu només és la veritat que coneix d'allò que ha passat o d'allò que —no havent passat— és important de tenir en compte. (Sovint allò que podia haver passat i no va passar forma part del context general que s'ha d'entendre i interpretar.) En un tribunal només es pot arribar a concloure que algú té raó, o que no en té, si és té la possibilitat de confrontar veritats i raons. De la veritat del testimoniatge, només en respon el testimoni. Però, de la raó del testimoni, en respon la perspicàcia del jurat. Sempre que nosaltres ens preguntem «Qui té raó?», fem una cosa semblant: escoltem les parts implicades i avaluem, amb més o menys perspicàcia, *totes* les raons exposades.

6.3. «Segons com, tothom té raó; segons com, ningú»

Certament, la nostra vida quotidiana és plena de situacions en què actuem com en un tribunal de justícia: sospesem, avaluem i decidim. També és cert, però, que hi ha casos en què, un cop considerades diverses opinions discrepants —o, almenys, no coincidents— no ens podem acabar de decidir, sinó que quedem senzillament perplexos: no sabem què pensar, perquè trobem que tant les raons donades pels uns com les donades pels altres són prou bones; no sabem com avaluar les opinions i les raons, no arribem a formar-nos cap judici. Llavors ens pot arribar a passar que estiguem temptats de dir: «Segons com, tothom té raó; segons com, ningú no en té.» Així, o de manera semblant, manifestem sovint la nostra perplexitat. De fet, no és gens estrany, sinó ben normal, que quedem perplexos de tant en tant. Si la perplexitat fos, però, molt freqüent, potser seria símptoma d'una inseguretat ideològica profunda.

Perquè la perplexitat pot ser vista com un *punt d'arribada* que aclapara i paralitza, o bé com un *punt d'arrencada* que estimula la reflexió i que exigeix aclariment. M'inclino, és clar, per això segon; em sembla l'única manera de mantenir viu el pensament. Quedem perplexos perquè intuïm que hi ha coses que hauríem de veure i que no acabem de veure: llavors convé que mirem d'explicitar el nostre malestar intel·lectual refent els arguments i les raons de cadascú, tornant-ho a desplegar tot davant nostre. I és que no podem contestar a la pregunta «qui té raó?» si no sabem ben bé què s'està discutint i què es diu. Com en un tribunal de justícia.

Amb aquest esperit, revisem ara la frase «Segons com, tothom té raó; segons com, ningú no en té». En contra del que pugui semblar a primera vista, la frase no és confusa ni contradictòria. Només es contradiria si digués que tothom té raó i que ningú no en té. Però, no és això el que diu, sinó més aviat que tothom té *una mica de* raó, però que ningú *no* la té *tota*. I aquesta és una afirmació la mar de coherent, matisada convenientment pels dos «segons com», que avisen que la frase s'ha d'entendre amb precaució: la primera part de la frase valora les aportacions de tots; la segona, renuncia a privilegiar cap opinió. En això, és clar, no hi ha contradicció, però tampoc no hi ha confusió. Més aviat hi ha perspicàcia, perquè el problema està ben plantejat. Si la perplexitat apareix és justament perquè ara no sabem què fer, ni com continuar. És com si ens preguntéssim: «Si tothom té raó, qui en té, *de fet*?».

Tinguem present que una perplexitat no és un problema que s'ha de resoldre sinó que és una inquietud que s'ha de dissoldre. I la dissolució de la inquietud no s'aconsegueix aportant nous elements o nova informació, sinó amb una millor comprensió de la informació de què es disposa. Perquè la perplexitat no sorgeix quan falten peces del trencaclosques —si fos així, es tractaria d'un problema—, sinó quan no se sap què fer amb les peces que es tenen, amb *aquestes* peces.

Quan, tot i estar familiaritzats amb una qüestió, quedem perplexos perquè no sabem a qui hem de donar la raó, és que potser malinterpretem les dades que tenim: si ja sabem que alguns dels disputants tenen raó, ens hauríem de dedicar simplement a veure en què consisteix la raó de cadascú. Però, en comptes de fer això, sovint ens capfiquem perquè volem saber qui té *més* raó, quina opinió és *la més verdadera*. Heus aquí el nostre error: ens deixem arrossegar pel prejudici de creure que la veritat i la raó s'han de donar, sobretot, en una sola opinió i en una sola persona. Les dades ens diuen que tots tenen raó; el prejudici ens demana que ens decidim a favor d'algú; com que no sabem com satisfer el prejudici —sovint és impossible de plantejar-se la raó en termes de més i de menys—, quedem paralitzats, perplexos. Aquesta perplexitat només desapareixerà, doncs, si abandonem el prejudici de la raó única i mirem de desgranar bé allò que hem constatat: que molts tenen raó, que la raó s'esmuny i no és fàcil d'atrapar.

Sortosament, no sempre quedem perplexos. De vegades, només algun dels disputants té raó, i ho sabem. Quan és així, la nostra decisió aviat és feta. Ara bé, abans de conèixer la situació concreta, mai no podem prejutjar el sentit de la nostra decisió. Però també sabem que ens serà molt més fàcil de decidir-nos si es discuteixen problemes als quals es puguin aplicar criteris de decisió reconeguts. En canvi, quan els temes debatuts són complexos i no disposem de criteris clars, les respostes que hi donarem també hauran de ser complexes, perquè les raons seran diverses i la raó podrà estar molt repartida.

6.4. Veritat i relativisme

Adonem-nos que, a partir de la pregunta «Qui té raó?», estem passant, sense transició, a parlar de la veritat. Certament, és millor que hàgim fet aquest recorregut de la raó a la veritat, que no pas el recorregut invers. Perquè així es veu que això que anomenem «veritat» és allò a què apel·lem sovint quan volem demostrar que tenim raó. Les nostres teories de la veritat simplement estipulen criteris per decidir qui té raó. Ho tenen fàcil quan consideren fets simples («És veritat que el tren ha arribat amb mitja hora de retard»), i més difícil quan consideren experiències complexes, encara que siguin quotidianes. Quan discutim, per exemple, si és verdadera o no la frase «Aquest nen és un egoista», ja no podem apel·lar només a fets que ho avalin. Aquí, a més de fets, hi intervenen moltes altres coses. Per això també hi ha més discrepància, més raons i enraonaments. Sempre, però, podem argumentar les nostres raons. De vegades, fins i tot podem arribar a *mostrar* que tenim raó, encara que potser no puguem *demostrar* que allò que diem és veritat. (Per exemple, puc no *saber* si és veritat que els càstigs corporals perjudiquen psicològicament el creixement dels infants o bé si és veritat, en canvi, que estimulen la disciplina personal, però puc *mostrar* que les meves raons contra els càstigs corporals són bones, fins i tot millors que les dels meus oponents.)

Certament, el concepte «tenir raó» és molt més extens que el de «ser verdader». La veritat és un tipus de raó. O, millor dit, és una família de tipus, perquè hi ha veritats de moltes menes. Per això no és molt important que sapiguem «què és la veritat», sinó que esbrinem *com* la descobrim, *com* hi arribem, quins *criteris* de veritat acceptem. Perquè, segons com la descobrim —segons amb quins criteris ho fem—, tindrem un tipus de veritat o un altre: la veritat que es descobreix, per exemple, empíricament, sempre serà una veritat oberta a noves experiències i, per tant, modificable i controlable per part dels altres; hi ha veritats, però, que no tenen res a veure amb l'experiència, sinó que s'obtenen per deducció lògica a partir de certes premisses i que depenen, doncs, del fet d'acceptar o no les premisses i de ser capaços de treure'n conseqüències; hi ha també altres veritats que s'obtenen per testimoniatge, de manera que la seva validesa no depèn ni del càlcul lògic ni de cap experiment, sinó de la fiabilitat —intel·lectual i moral— del testimoni.

L'evangeli de sant Joan reporta que Pilat va dir a Jesús: «I què és la veritat?». L'interrogant no és, de fet, una pregunta, perquè Pilat, sense esperar resposta, surt altre cop cap als jueus. És només un interrogant retòric, amb el qual Pilat manifesta que no creu que es pugui saber de què va això de la veritat. Em sembla que Pilat té raó i no en té. Si pretenem que, de la veritat, se n'hauria de poder donar una definició precisa o alguna característica essencial, llavors Pilat té raó, perquè això no es pot fer. Pilat, però, no té raó, si pensa que amb això s'esgota tot el que es pot dir de la veritat: i és que, encara que no disposem de cap teoria precisa i única, podem mostrar que la veritat és això i allò i allò de més enllà, en podem mostrar casos i exemples molt diversos, i podem concloure que totes aquestes coses, i moltes altres, són veritat.

Enmig de les veritats, n'hi ha de trivials i d'importants, n'hi ha d'efímeres i de duradores. Alguns filòsofs fins i tot han parlat de «veritats eternes». Per fer-nos-en càrrec adequadament, hauríem d'examinar com s'usa «veritat» en tots aquests casos i com hi funciona. Quan ho haguéssim fet, sabríem quin paper tenen les veritats en el coneixement humà i en quins contextos. I és que «veritat» és una paraula del diccionari com les altres. No hi ha conceptes que, per si mateixos, siguin privilegiats o més nobles que els altres. El que fem és construir usos nobles i privilegiats per a certs conceptes, que també usem sovint sense noblesa ni privilegi. Tot això és el que s'ha d'examinar, sense prejudicis ni essencialismes. «Veritat» és un concepte usat i rebregat històricament com tots els altres, configurat per la llengua i la cultura, per les relacions socials i els condicionaments psicològics. De vegades, això s'ha expressat dient que «La veritat és filla del temps».

Ara pot semblar que defenso el relativisme, potser el mateix relativisme dels versos de Campoamor: «*Que en este mundo traidor / nada es verdad ni es mentira. / Todo es según el color / del cristal con que se mira.*» No el defenso pas. No estic dient que no se sàpiga què és veritat o què és mentida, que totes les opinions siguin iguals i que, de qualsevol d'elles, tant es pugui dir que és veritat com que és mentida. L'existència de molts productes en el mercat tampoc no significa que tots siguin igualment bons. Ja he dit que del que es tracta és que cadascú examini els arguments, sospesi les alternatives i es decideixi. No estic defensant, doncs, el relativisme, sinó dues coses ben diferents.

D'una banda, subratllo el caràcter *relacional* —no relatiu— de la veritat: allò que és veritat o que és mentida —fins i tot quan ho és de manera absoluta—, sempre ho és *amb relació a* alguns criteris, a alguns paràmetres, a algun marc de referència. Les coses no són ni veritat ni mentida en el buit i en abstracte. Quan quedem confrontats a diverses alternatives, mai no estem a zero, mai no estem, com qui diu, en blanc. Sempre participem ja d'una visió determinada de les coses, apresa a través de la família, l'escola o el grup social en què ens ha tocat néixer i créixer.

D'altra banda, constato que ens trobem sovint amb persones i grups que, en qüestions importants, pensen de manera molt diferent, de vegades, radicalment oposada. Llavors, podem reaccionar o bé tancant els ulls a una realitat que ens crea inseguretat, que ens inquieta, o bé volent acceptar el repte d'aclarir-nos i de resituar-nos. La cultura, justament, ajuda, entre altres coses, a informar-se sobre la *pluralitat* de les opinions i a formar-se un judici dels seus arguments i de la seva *complexitat*. Per això també subratllo que la veritat i la mentida admeten molts graus, que es poden matisar i modular enormement, i que no ens trobem en un univers dualista —amb «verdader» i «fals» com a únics valors extrems—, sinó que estem en un univers complex en el qual els conceptes de veritat i mentida són conceptes vagues, però extraordinàriament útils.

7

Les coses que creiem

El terreny de les creences és molt complex: les creences abasten el passat, el present i el futur; tenen molts graus i matisos, ja que poden expressar una simple opinió, una valoració o una convicció profunda. Al llarg de la història, molta gent ha arribat a morir i a matar per alguna creença. Hi ha qui afirma que, en qualsevol dels nostres actes, hi ha *sempre* alguna creença implícita, tant quan anem a agafar el tren —perquè creiem que el tren vindrà i que hi podrem pujar—, com quan preguntem alguna cosa a un vianant —perquè creiem que està en condicions de respondre i que ho farà—. En aquest capítol, però, prescindirem de les creences implícites i ens concentrarem en les creences que efectivament tenim, per reflexionar sobre les raons que les sostenen.

7.1. Què crec de debò?

Si féssim una llista amb algunes de les moltes coses que creiem, ens adonaríem que les nostres creences poden ser molt diverses: potser creiem que l'economia millorarà, que l'educació que vam rebre de petits era molt tancada, que el nostre equip guanyarà la competició, que existeix una realitat exterior a nosaltres, que si haguéssim aprofitat aquella oportunitat ara seríem rics, que hi ha vida després de la mort, que si no blindem la porta ens tornaran a robar, que és millor donar que rebre, o que hi ha extraterrestres vivint amb nosaltres; podem creure aquestes coses o també les contràries, ho podem creure del tot o només a mitges, i segurament en combinació amb moltes altres coses. En qualsevol llista que fem, hi haurà sempre meres opinions o punts de vista més o menys acceptats, però també coses que creiem *de debò* —de tipus religiós, polític, ideològic o moral—, i que arrelen en conviccions profundes i personals.

Aquestes conviccions, però, no són simples estats d'ànim. I és que les conviccions que porten a defensar la llibertat, la democràcia o un credo religiós no responen només a un estat psicològic d'entusiasme, d'admiració o de fervor. Més ben dit: les creences mantingudes *només perquè* s'està eufòric —és a dir, *quan* s'està eufòric— han de ser realment diferents de les mantingudes *tant si s'està eufòric com si no*, ja que les raons de les creences seran clarament diferents en cada cas.

Tot i ser importants, els components psicològics no sempre poden *explicar* les nostres creences. De fet, tendim massa sovint a la interpretació psicològica, tant quan volem descobrir què ens passa com quan hi volem trobar explicacions i solucions. L'excés d'interpretació psicològica resulta negatiu, perquè dissimula i negligeix molts altres aspectes de la nostra vida, força més complexa del que sovint volem admetre. Aquí, com tantes altres vegades, hauríem de recordar allò que diu Hàmlet al final del primer acte: «Hi ha més coses, Horaci, en cel i terra, que en ta filosofia somiades.»

No vull pas negar, és clar, que l'estat d'ànim i la tensió interior tinguin un paper important en moltes de les nostres creences. Però s'ha de recordar que sovint creiem coses, i les defensem, sense que necessàriament hàgim de tenir cap vivència interior o hàgim de «sentir» res. I és que els elements psicològics i emotius acostumen a *acompanyar* les nostres creences, però no cal que les fonamentin.

En una societat democràtica i ideològicament plural, les creences són lliures. Això, però, només vol dir que són *políticament* lliures, és a dir, que ningú no serà políticament perseguit per les seves creences. Que hi hagi llibertat d'idees i creences no vol dir, en canvi, de cap manera, que creure només depengui de la *voluntat lliure* de l'individu i que aquest pugui creure *qualsevol cosa* que *vulgui* creure. Així, per més que un vulgui —i s'hi esforci— no *pot* creure, per exemple, que un seu amic és un esperit incorpori. I no ho pot creure senzillament perquè aquesta creença no tindria absolutament cap paper comprensible en la vida d'aquella persona, llevat, és clar, que estigués disposada a canviar radicalment la seva visió del seu amic i el seu tracte amb ell. I això no sembla *gens* fàcil. (L'afirmació que el nostre amic és un esperit incorpori no tindria cap sentit comprensible si, alhora, aquest amic es cansés quan va d'excursió amb nosaltres o tingués dificultats per trobar unes sabates que no li fessin mal.)

Així, doncs, no puc creure *qualsevol* cosa. Les meves creences no tenen sentit pel sol fet que jo decideixi que en tenen —pel fet que jo les pensi o les cregui—, sinó que en tenen perquè n'obtenen en el context en què es fan servir. I com que les creences són molt diverses, cadascuna només té el sentit que és capaç d'adquirir en la nostra vida.

7.2. L'espai vital de la creença

Quan les creences no tenen cap funció, no fan cap rol, no ocupen cap espai vital, llavors són meres afirmacions verbals, sense cap sentit. És clar que aquí també hi ha casos borrosos i casos extrems. El ventall de les creences és immens.

Ara es podria plantejar, per exemple, el cas d'aquells que *creuen* seriosament que són Napoleó, un fantasma o un gos llop. Són casos que no semblen ajustar-se al que acabo de dir sobre les creences, perquè resulta difícil que la creença de ser Napoleó pugui jugar cap paper real en la vida d'algú. I és que no sembla que aquesta persona pugui fer altra cosa que prendre's ell mateix per Napoleó, passejar-se ben tibat, potser vestit d'uniforme i amb barret triangular, amb una mà al pit i l'altra a l'esquena. Si l'expressió de la seva creença s'acaba aquí i ningú més no se'l pren seriosament, què en direm? No direm pas que *només simula* ser Napoleó, perquè el seu comportament és ple de convicció i no té les característiques pròpies del comportament simulat. I tampoc no ens pot satisfer dir, simplement, que es tracta d'una creença al límit, si es vol, d'una creença atípica. I és que dir que una creença és atípica —com dir que ho és una malaltia o una conducta— no és donar cap explicació que ajudi a entendre la creença, sinó que és reconèixer la incapacitat d'explicar-la. Quan es tracta d'un cas que no lliga amb els que estan estudiats i controlats, sovint se l'etiqueta com a «atípic» i s'aparca.

Nosaltres, però, estem especialment interessats en l'examen de casos concrets i en la comprensió de contextos i situacions diversos. Per això, si volem abordar correctament aquest cas, no li podem aplicar de manera estereotipada l'anàlisi que ens serveix per a altres casos, sinó que ens l'hem de plantejar específicament, per si mateix. I la primera cosa que hem de fer, quan es tracta d'un cas que no és ben habitual, és girar el punt de mira habitual.

Si ho fem, ens adonarem que, en contra del que pot semblar a primera vista, qui diu, seriosament, que és Napoleó, no s'ho *creu* pas que ho sigui. Quan dic que no s'ho creu, no vull pas dir que no n'està convençut o que en dubta o que ens vol enganyar. Precisament he suposat que ho diu seriosament i, per tant, que ho diu amb tota convicció. I és justament per això que ara afirmo que no està expressant allò que nosaltres normalment anomenem una *creença*. Els seus seguidors —si en tingués—, sí que podrien creure que ell és Napoleó; ell mateix, però, no ho *pot pas creure*, senzillament perquè ell *sap* que és Napoleó o, millor encara, perquè ell ho *és*. Si ho cregués, podria tenir moments de dubte o podria discutir les raons a favor o en contra de la seva creença. En aquest cas, però, l'interessat ni pot dubtar —el dubte sobre això no té cap sentit per a ell— ni necessita cap tipus de raons. Si algú li preguntés «T'ho creus de debò que ets Napoleó?», ell podria respondre «No m'ho crec pas, simplement ho sóc». Per a ell, és tan clar que és Napoleó, com ho és per al lector que això que té a les mans és un llibre, i el lector no s'ho *creu* pas que això és un llibre. La convicció que això és un llibre no és pas la convicció d'una creença —que podria ser equivocada—, sinó la convicció d'una evidència.

Així és com viu la situació aquell que afirma seriosament que és Napoleó. Nosaltres, en canvi, ho veiem de manera diferent. Per la informació que tenim i per les coses que ell diu i fa, sabem que *no és* Napoleó, és a dir, sabem que s'enganya quan diu «Sóc Napoleó». I per això tendim a dir: «S'ho pensa, però no ho és, només *creu* que és Napoleó». En dir-ho, però, no estem parlant en absolut del que passa en el seu interior, no estem parlant de la seva creença, sinó que estem simplement afirmant que allò que ell diu no és cert. El cas, doncs, requereix una anàlisi asimètrica: ell no ho viu com una creença, sinó com una realitat; i nosaltres, que ens ho mirem des de fora, com que volem que quedi absolutament clar que no és Napoleó, diem que només ho creu que ho és. Així, doncs, encara que la seva pretensió sigui falsa, ell, estrictament parlant, no s'equivoca, perquè no *pot* descobrir ni esmenar l'error: som nosaltres els que podem descobrir la falsedat; ell no. D'aquí que sigui absolutament normal que *nosaltres* diguem que s'equivoca; si no ho féssim, nosaltres sí que ens estaríem equivocant de valent. Així, doncs, la discrepància entre ell i nosaltres no és una discrepància d'opinions, sinó de vivència, com qui diu, de món. Qui afirma que *és* Napoleó, no està formulant una creença; per això, les nostres raons en contra només li poden aparèixer com una incomprensible agressió. Si, pel que sigui, alguna vegada arriba a pensar que la seva convicció és una creença, és que ha deixat de *ser* Napoleó, és que pot *dubtar* de la seva personalitat. Llavors, ja sent els nostres arguments com a raons a favor o en contra de la seva posició; com que ell mateix es pot plantejar raons per creure o per dubtar, ja no estem en móns diferents.

És clar que hi ha casos no tan extrems com el de Napoleó. Però, justament per no ser tan extrems, poden resultar més difícils d'abordar. Imaginem el cas d'algú que afirma que és un enviat de déu o que és un ésser vingut d'una altra galàxia. En la immensa majoria de casos com aquests —per no dir en tots—, també direm que els que ho sostenen, s'equivoquen. Però no ho direm, és clar, ni amb els mateixos arguments ni amb el mateix tipus de certesa amb què negàvem que algú fos Napoleó. Perquè cada cas té peculiaritats que el poden fer molt diferent de casos aparentment semblants. Així, el cas d'algú que ve d'una altra galàxia és diferent de qui afirma ser Napoleó, però també de qui diu que és enviat de déu.

Si ens resulta absurd pensar que algun bon conegut nostre sigui Napoleó —mort i enterrat des de fa gairebé dos segles—, en canvi, no resulta absurd —almenys no en el mateix sentit— que algun conegut acabi revelant-se com un enviat de déu. Al capdavall, els genis, els profetes o els innovadors no sempre són fàcils de reconèixer o de distingir dels bojos, dels il·lusos, dels farsants o dels autoenganyats. Si algú ens diu que és

Napoleó, els nostres coneixements històrics ens permeten dir amb certesa que es tracta d'una pretensió falsa. En aquests altres casos, en canvi, les coses són diferents: no solament perquè no podem exhibir *el mateix tipus* de certesa —no tenim a mà les mateixes proves— per negar que algú sigui enviat de déu o procedeixi d'una altra galàxia, sinó, sobretot, perquè els que ho afirmen tampoc no ho fan de la mateixa manera. Qui afirma que és Napoleó, no ho sosté ni com una creença ni com un saber, sinó només com un testimoni que està més enllà del dubte o de la prova. En canvi, qui afirma que és enviat de déu o que prové d'una altra galàxia, aquest ho pot sostenir com una creença si està disposat a donar-ne proves o a acceptar arguments i raons. Ni ells ni els seus oponents no tenen arguments *definitius* que puguin demostrar, de manera absolutament conclusiva, la veritat o la falsedat de les afirmacions fetes; i tanmateix es poden fer afirmacions molt diverses, algunes més plausibles, més raonables, més acceptables que altres.

Estrictament parlant, en casos així, s'estan oposant *creences*, per molt estranyes o sorprenents que algunes d'aquestes creences puguin resultar. Per això és molt més difícil enfrontar-se a la pretensió del darrer profeta que no pas a la del darrer Napoleó. En qualsevol cas, acabarem confrontant les *raons* —o la manca de raons— de les respectives creences. No em refereixo només a raons teòriques sinó a raons vitals, que les inclouen totes. I és que les raons vitals mostren sempre l'*encaix* d'unes determinades creences en la vida de cadascú; aquestes raons, però, han de poder ser *compartides* si és que volen ser *raonables*.

Per les raons que sigui —teràpia, prudència, admiració o convicció—, gairebé sempre hi ha persones que, per evitar la marginació o la ridiculització d'aquells que afirmen ser Napoleó o un profeta, participen en la situació creada per ells i s'hi comporten tal com pensen que s'haurien de comportar amb Napoleó o amb un profeta. Gràcies a aquesta resposta seriosa de l'entorn, la situació inicial adquireix un context i un gruix que pot engegar una dinàmica nova. D'aquí la importància de decidir el tipus de resposta que s'ha de donar en situacions semblants.

I ara torno a reprendre el fil principal de la meva reflexió. Sempre ens hem de preguntar de quina manera una determinada creença es fa viva en la vida d'algú, de quina manera s'hi mostra o, per dir-ho així, s'hi escenifica. Si algú diu seriosament que és Napoleó o un profeta, però no *passa res més* que mostri com s'ha d'entendre el que diu —res més que ho faci plausible—, llavors podrem concloure que aquesta afirmació no manifesta una convicció o una creença, sinó que és una expressió —aparentment buida— d'imaginació o de fantasia.

Certament, les nostres creences no tenen sentit pel fet que nosaltres els en *vulguem* donar, sinó perquè els en *podem* donar, és a dir, perquè les podem creure, hi podem viure, les podem compartir. Gairebé podríem dir que la llibertat de creença no s'expressa amb un «creu el que vulguis», sinó amb un «creu el que puguis». I això no vol dir que només pugui creure allò que *em deixin* creure, sinó que només puc creure allò que puc *fer realment creïble*, per a mi mateix i per als altres. Perquè s'ha de mostrar d'alguna manera la diferència entre *dir* que crec una cosa i *creure* aquella cosa. Les creences que ho són de debò, han de tenir algun reflex —que pot ser de tipus molt diversos— en la nostra vida. I en tenir un reflex en la nostra vida, deixen de ser un afer purament interior, privat, per passar a ser objecte d'observació, de comparació i de reflexió. Si no fos així, les creences serien tan personals i tan ocultes, que també podrien ser arbitràries i ni nosaltres mateixos no podríem estar certs de si creiem o no una cosa, o de què creiem. Per això, és important distingir entre la mera afirmació teòrica de la creença i la creença real.

Encara podríem dir que la creença de debò és aquella que es *pot saber* que es té. Però, si es pot *saber* que es *creu* i es pot *creure* que se *sap*, potser és que la relació entre *saber* i *creure* és més complexa del que sovint imaginem. Valdrà la pena que ens ho mirem més de prop.

7.3. Saber i creure

La mania que tenen alguns de voler definir els conceptes abans de mirar com funcionen realment, també els porta a buscar *quina és* la relació entre saber i creure, com si, entre aquests conceptes, hi hagués d'haver *una i només una* relació, genèrica i abstracta, independent de qualsevol context i situació. Sempre que s'ha buscat com era aquesta mena de relació, s'ha acabat arribant a dues respostes típiques.

Una d'elles afirma que les creences estan per sota dels sabers, són més febles que ells, menys fortes i, per tant, vénen a ser equivalents a les opinions. Els que ho plantegen així, poden arribar a considerar les creences com si només fossin hipòtesis que, si poguessin ser confirmades, passarien a ser sabers comprovats. Per avalar-ho es fixen en casos com ara «No ho sé si vindrà, però crec que sí» o «De moment, no t'ho puc demostrar, t'ho hauràs de creure». És cert que sovint usem «saber» i «creure» amb un sentit que privilegia el saber com a patró de referència de la creença. Llavors la creença —com l'opinió, el parer o la impressió— és menys forta, menys segura que el saber. Però aquesta no és l'única manera que tenim de plantejar-nos les creences. Hi ha altres usos diferents, en què la creença no apareix més feble i menys segura sinó molt més forta que qualsevol saber. Ja hem vist que afirmar «Sóc Napoleó» no és acceptar una creença sinó que és manifestar una convicció tan forta que no resulta racionalment desmuntable. Hi ha creences que, sense ser assimilables a casos tan extrems —que poden ser titllats de patològics—, també tenen una força enorme, molt més gran que la d'una opinió o d'un saber. Aquí podríem pensar en casos com la creença en la dignitat humana com a valor innegociable o en la llibertat o la vida com a béns suprems. Aquesta mena de creences tenen una força molt més gran que un saber. Són creences que no es poden demostrar, però que vénen avalades amb accions decidides, fins i tot amb risc de la vida. La descoberta de nous fets, l'adquisició de nous coneixements o de més saber no poden arribar a fer trontollar conviccions que estan arrelades en el més profund de la vida d'una persona. Moltes conviccions religioses poden ser d'aquest tipus.

La força peculiar d'algunes creences enfront d'altres queda ben expressada en una distinció usual en el llenguatge: és la distinció entre «creure que» i «creure en». Les creences fortes —més fortes que qualsevol saber— sovint poden ser expressades amb l'esquema «crec en». Així, no té les mateixes connotacions dir «Crec que la llibertat és el valor més alt», que dir «Crec en la llibertat per damunt de tot». En la primera frase acceptem com a verdader el contingut d'una creença; en la segona, fem professió d'una creença, a la qual ens adherim de manera personal i pràcticament incondicional. És la diferència que també existeix entre «Crec que déu existeix» —que és l'anunci d'una creença que, segons sant Jaume, els dimonis també tenen— i «Crec en déu» —que és una professió de fe. Algú pot creure *que* déu existeix, sense creure *en* déu, tal com pot creure *que* el metge de capçalera va de bona fe sense creure *en* el metge, és a dir, sense refiar-se'n ni confiar-hi gaire. (O tal com ho formula Josep Pla a *El geni del país i altres proses*: «A molts catalans, els interessa Catalunya, però no hi creuen».) De fet, l'afirmació «Crec en tu» resulta tan incondicional que difícilment pot ser substituïda per un reguitzell de frases del tipus «Crec que ets una bona persona, crec que no m'enganyes, crec que...».

Quan es busca la relació entre saber i creure també s'arriba de vegades a una altra resposta, que ve a ser una versió extrema de la primera, la que presentava la creença com una forma menor, rebaixada, diluïda, de saber. Aquesta altra resposta no presenta la creença per sota del saber, sinó que la presenta com la forma més allunyada al saber, com una forma contraposada a ell.

És una resposta que nega, doncs, tota relació entre saber i creure. De vegades els termes s'arriben a presentar com a contradictoris.

La història de la filosofia és plena de discussions —llargues i sàvies— sobre la diferència entre *raó* i *fe*. Com si la fe hagués de ser quelcom irracional —o, almenys, aracional— i estigués, per tant, absolutament separada de la raó; i com si la raó, al seu torn, fos de tal evidència, objectivitat i precisió, que no hagués de contenir cap element de creença. En aquest plantejament, la fe queda arraconada a l'àmbit de les experiències personals, de la incertesa, de la vaguetat i, per què no, de l'arbitrarietat. Només cal, però, un xic d'atenció per observar que els fets i el llenguatge contradiuen contínuament aquesta pretesa superioritat jeràrquica de la raó sobre la creença.

De fet, les anàlisis que comparen saber i creure acostumen a patir del mateix mal: accepten un esquema dualista que posa el saber (o la raó) en un costat i la creença (o la fe) a l'altra. Amb l'ajut d'aquest esquema —i amb variants diverses— es volen classificar amb precisió tots els casos que es presentin relacionats amb aquestes qüestions. Ja hem vist, però, repetidament, que els nostres conceptes admeten molts graus i matisos, i que convé abandonar ben de pressa la idea d'un univers tan simple que ho redueix tot només a dos pols, a dues possibilitats. Serà difícil, doncs, que ens aclarim en aquest punt si no rebutgem l'oposició radical —d'arrel dualista— entre raó i fe, entre saber i creure. Fer això és fer un pas més vers l'acceptació de la complexitat de la realitat. Hi ha pensadors que ens van al davant i que fa molt temps que han rebutjat aquesta oposició radical. Precisament n'hi ha dos que, per venir de tradicions ben diferents, resulten ara especialment interessants i il·luminadors: es tracta de sant Agustí (354-430) i de Karl Popper (1902-1994).

Sant Agustí diu, a la *Carta* 120, que sembla racional, i no pas irracional, que la fe precedeixi a la raó quan es tracta d'algunes grans qüestions que, precisament, encara no poden ser compreses. Ara bé, si és *racional* que, de vegades, la fe precedeixi la raó, llavors s'ha d'acceptar que la fe —que ha de ser raonada, és a dir, s'ha de vestir amb raons—, vagi precedida, ella mateixa, d'alguna racionalitat. Per la seva banda, Popper, a *La societat oberta i els seus enemics*, diu que l'actitud racionalista que ell proposa no es pot fonamentar en cap argument lògic ni en l'experiència perquè, abans de fer cas dels arguments o de l'experiència, ja s'ha d'haver adoptat l'actitud racionalista; i adoptar aquesta actitud significa prendre una decisió o adoptar una creença. Popper diu que això equival a tenir una «*fe* irracional *en la raó*».

Així, doncs, tant sant Agustí com Popper —cadascun a la seva manera i començant per un costat diferent— se sumen al grup d'aquells que pensen que raó i fe —saber i creure— no solament no s'oposen sinó que fins i tot es necessiten. Popper i sant Agustí ens ajuden, en aquest cas, a trencar el pensament dualista.

El dualisme continua essent, però, un esquema de pensament molt estès i massa influent. Examina la realitat amb l'ajut de dos elements extrems, sense admetre graus ni termes mitjans. És així com s'usen els binomis veritat/falsedat, raó/fe, raó/sentiment, realitat/ficció, natura/cultura, bo/dolent, i tants altres. Com que aquestes oposicions porten a considerar les coses com si només es donessin dues possibilitats —com qui diu, en blanc o negre—, també obliguen a forçar la majoria de les anàlisis, perquè sovint allò que examinem no és ni ben verdader ni ben fals, ni ben bo ni ben dolent, o bé presenta una difícil connexió entre raó i sentiment o entre realitat i ficció.

El dualisme, en la seva formulació extrema, fomenta l'adopció de judicis simples i superficials. Potser per això té precisament tant d'èxit, no solament en moltes reflexions teòriques, sinó també en molts àmbits de la nostra vida quotidiana. Per combatre'l, és molt bona la recomanació de Josep Ferrater Mora (1912-1991), que proposa que els termes extrems de qualsevol dualisme no siguin considerats com dues opcions excloents per entendre la realitat, sinó només com a conceptes-límit que marquen el terreny a l'interior del qual aquella realitat es podrà entendre. És, doncs, a l'interior d'aquests límits i anant d'un extrem a l'altre dels binomis, que es pot trobar el lloc adequadament modulat i matisat de cada concepte. Així, tot i acceptar els dualismes usuals en la nostra pràctica quotidiana, Ferrater ens en dóna un camí d'interpretació que fa que perdin el seu caràcter matusser i esdevinguin punts de referència per a anàlisis conceptuals més fines i més subtils. Això és el que, al capdavall, també miraven de fer, pel seu compte, sant Agustí i Popper.

Aquestes consideracions no neguen pas, és clar, que el plantejament dualista no pugui ser, de vegades, ben útil. Va la mar de bé, per exemple, dividir els assistents a un estadi en «locals» i «visitants», tal com en altres èpoques va anar bé distingir dràsticament entre perruqueries d'homes i de dones. Aquestes divisions, però, només són sempre instrumentals; ofereixen classificacions simples que, per ser-ho, també són molt operatives. Ara bé, quan alguna d'aquestes oposicions —per exemple, l'oposició nosaltres/ells— es generalitza i es fa servir per entendre i classificar tot el que passa en el món, s'obté un esquema que no solament resulta molt pobre i simplificador, sinó que, en casos com el del binomi nosaltres/ells, també pot esdevenir extraordinàriament perillós. Els dualismes acostumen a empobrir la realitat perquè n'amaguen els matisos, les modulacions i els clarobscurs. Això és, en definitiva, el que també passa quan les complexes relacions entre saber i creure es plantegen des de l'òptica dualista.

7.4. Raons i sentit comú

Hem vist repetidament que per entendre les creences i per veure'n la fortalesa o la debilitat és decisiu desplegar les *raons* en què es fonamenten. Perquè també les creences necessiten raons. Certament, no es pot creure si no *es vol* creure, perquè ningú no ens pot *forçar* a creure; però tampoc no es pot creure si *només* es vol creure i no es té on agafar-se. Quan diem «No m'ho puc creure» sovint volem dir això: que no som capaços de veure raons per creure-ho, que no som capaços d'agafar-nos enlloc.

Si el saber i el dubte necessiten raons, també en necessita la creença. És clar que aquestes raons poden ser de tipus molt diversos: es pot creure una cosa recolzant en la paraula d'algú, en experiències prèvies, en certs principis que resulten acceptables encara que no siguin demostrables, etc. Fins i tot hi pot haver creences molt viscerals, basades en sentiments molt primaris o molt profundament arrelats i intensament covats —sentiments d'enveja, de ràbia, de por—. En aquests casos els sentiments no són simples acompanyants de la creença, sinó que en són el fonament, la raó.

De fet, les coses que creiem estan sòlidament arrelades en la cultura i en la tradició de cadascú. Així s'entén que hi pugui haver creences que ens resultin exòtiques o sofisticades. Les creences més comunes, en canvi, troben el sòl preparat en allò que, a la vida quotidiana, anomenem vagament «sentit comú».

Si constato l'existència i la importància del sentit comú, no ho faig pas per presentar-lo com una font infal·lible de bons judicis o de bones creences. Aquest llibre vol afavorir una manera de pensar crítica, basada en el desplegament i l'exposició d'arguments i raons. I aquest tarannà crític tant s'ha de mantenir quan s'examinen creences científiques o filosòfiques com quan s'examinen creences de sentit comú. Pensar de manera crítica és desemmascarar temptacions, i les temptacions poden venir de moltes bandes. Perquè ens pot temptar l'objectivitat de la ciència que sembla sòlida perquè sempre té la vista clavada a terra; la temptació fa efecte quan acabem creient que les coses són com la ciència diu que són i que no poden ser d'altra manera. També ens pot temptar, però, la subjectivitat popular, que resulta atractiva perquè fa volar coloms; la seva temptació també fa efecte si acabem confonent el desig amb la realitat. No es tracta, doncs, de sotmetre el pensament propi al sentit comú; però tampoc sembla intel·lectualment sa voler-se fer un pensament propi *sense* tenir en compte el sentit comú. I és que el sentit comú no és un sisè sentit ingenu, primitiu, espontani, una mena d'intuïció bàsica que tots tenim igual, com qui diu, bona i feta o natural. El sentit comú més aviat és la participació en el sentir comú, en el sentir de la comunitat —si es vol, en l'opinió comuna—; és, per tant, un sentit treballat al llarg del temps, elaborat en una tradició i viscut en una comunitat, un sentit que es formula en un llenguatge determinat i que recull experiències individuals i col·lectives, de vegades molt antigues. El sentit comú és, doncs, sentit compartit, sentit comunitari, és la plasmació, gairebé imperceptible, d'allò que el sentir col·lectiu *més aviat* aprova o desaprova. Ara bé, si el sentit comú és allò que s'ha escampat per la comunitat i que s'acaba presentant com el precipitat d'un cert consens, d'un cert sentiment comú, llavors no és estrany que el sentit comú s'expressi en formes moderades, prudents, conservadores, ni ho és que reculli les opinions dels grups més dominants i no pas l'opinió unànime de tots.

Els humans, però, partim sempre d'un sentit comú que és el sentit del comú que ens ha criat. És *en ell* i *a partir d'ell* que podem anar bastint un sentit propi. El nostre espai de llibertat —l'espai vital de les nostres creences— sempre es construeix des de l'espai que ens és donat, que és un espai públic, l'espai de tots. Hauríem de dir, doncs, que el sentit comú és sempre previ al sentit propi, encara que aquest hagi d'acabar essent el sentit principal. Si alguna vegada, però, s'arriba a construir un sentit propi irreconciliable amb el sentit comú, es produeix una situació d'esquizofrènia vital que pot fàcilment conduir a la revolta o a l'exili interior.

El que és ben clar és que les creences de *sentit comú* no han pas de coincidir, necessàriament, amb creences *assenyades* o amb creences *sàvies*. Algú pot actuar amb sentit comú —dient o fent allò que diria o faria la majoria en un moment determinat— i no ser, en canvi, ni assenyat ni savi. Per il·lustrar-ho, considerem breument el cas dels refranys populars, que sovint apareixen com la condensació o el precipitat de moltes creences de sentit comú. Seria molt alliçonador examinar de prop alguns refranys: tot i ser expressions paradigmàtiques del sentit comú, no es pot pas dir que siguin sempre un model de seny o de saviesa. I és que, de refranys, n'hi ha de moltes menes: des dels absolutament trivials («Qui l'encerta, l'endevina»), fins als manifestament falsos («On n'hi ha dos n'hi ha tres»), passant pels d'opinió comuna («Qui no té memòria ha de tenir cames») i pels perspicaços («L'hàbit no fa el monjo»).

El refrany que té algun missatge —tant si dóna un punt de vista com si incita a l'acció— sempre és reflex de la ideologia, de l'esperit, del tarannà d'una època, d'un grup social o d'un conjunt d'individus. Per això hi ha refranys que reflecteixen misogínia («Gallina i dona, quan torcen el coll és quan són bones»; «Llàgrimes de dona, arrel de falsia»), una determinada concepció de déu («Déu té un bastó que pega i no fa remor»), de la naturalesa («L'aigua, pels bous»; «Hivern plujós, estiu abundós»; «Llevant, llevantó, a l'hivern dolent i a l'estiu, pitjor»; «Aigua de maig fa créixer el cabell un raig»), del saber («El saber no ocupa lloc»; «Per saber, s'ha de cremar oli») o de certes professions («Advocats i procuradors, a l'infern de dos en dos»; «Dels errors dels metges, n'estan plens els fossars»; «Al pagès, doneu-li cols»; «El bon patró no escolta opinió»). La comparació de refranys també porta —no podia ser d'altra manera— a constatar opinions contradictòries («Sobre gustos no hi ha disputes» contradiu «Hi ha gustos que no s'haurien de permetre»).

De fet, els refranys sempre haurien de ser utilitzats amb molt de compte. D'entrada, hauria de resultar sospitosa la generalització que fan de situacions i experiències concretes: els refranys són reflex d'una certa experiència històrica —no sempre modèlica—, pero acaben essent usats com a *argument d'autoritat* per avalar o rebutjar una opinió o una posició. Més enllà del seu caràcter pintoresc, els refranys tenen una indubtable funció conservadora de lligam amb un passat que es presenta com si fos el passat de tots, com un passat pretesament no conflictiu.

És clar que, en una societat democràtica, cadascú pot defensar les seves creences. Però he insistit, precisament, en la importància de donar raó —de donar les raons— d'aquestes creences. Perquè, en una societat democràtica que també vulgui ser culta, cadascú ha de vetllar per mantenir-se lúcid i crític. Per això, no sempre és necessàriament bona la tolerància amb *totes* les creences. Hi ha una mena de tolerància que, en acceptar que tothom cregui el que vulgui i faci el que vulgui, esdevé, de fet, una tolerància indiferent i acrítica.

Si es vol potenciar, en canvi, una tolerància crítica, s'ha d'acabar acceptant que no es pot ser il·limitadament tolerant amb totes les creences. Perquè, els que creuen de debò —no solament amb paraules, sinó de fet— en la llibertat i en la tolerància, no poden tolerar de cap manera que, a l'empara de la llibertat i la tolerància, les creences autoritàries i dictatorials acabin imposant-se i suprimeixin, precisament, la llibertat i la tolerància.

Les coses que creiem són, en alguns casos, tan importants, que s'han de protegir i s'han de defensar. I això no sempre és fàcil. Cal, doncs, raonar les creences i raonar-ne les conseqüències, amb una actitud crítica i, doncs, autocrítica. I és que, a l'hora de defensar allò que creiem, allò en què creiem, tant podem pecar d'indiferència com d'intransigència.

8

Les coses que estimem

En els capítols anteriors hem vist que els nostres pensaments, qüestions i creences estan arrelats en valors col·lectius, en idees, imatges, costums i institucions compartits. Algunes de les coses que aprenem i descobrim acaben convertint-se en valors que orienten la nostra vida. Podem canviar de parer o de manera d'actuar sense abandonar, en canvi, els valors que ens inspiren. De vegades, però, també els valors trontollen i la crisi serà molt diversa segons que trontollin valors religiosos o polítics, ètics o estètics, filosòfics o socials. De fet, acceptem tants valors i tan diversos que podem passar per moltes crisis. N'hi ha de molt profundes que només es poden superar amb tensió i dificultat.

Ara bé, més enllà de les peripècies personals, els grups humans continuen defensant valors de tota mena, construeixen projectes i utopies, lamenten errors i retrocessos. En darrer terme, és allò que estimem i valorem el que omple la nostra vida i li dóna el gruix i la qualitat que té. No és estrany, doncs, que vulguem que aquells amb qui tenim lligams personals o de responsabilitat també rebin —o, almenys, coneguin— allò de més valuós que tenim.

8.1. Com es poden ensenyar els valors?

Formulada així, aquesta pregunta sembla pressuposar que els valors es *poden* ensenyar, que només s'ha de discutir la manera de fer-ho. I, segons com, és així. De fet, tots els grups i comunitats de la història han cregut que els seus valors *podien* —i *havien* de— ser ensenyats; d'aquí l'existència de nuclis familiars, de jerarquia social i de sistemes educatius. La transmissió dels valors esdevé sempre un eix bàsic de la supervivència col·lectiva. Si diferents grups s'han enfrontat sovint —cap enfora i cap endins—, és justament perquè defensaven valors difícilment compatibles o, simplement, diversos.

Alguns pensen que aquesta situació avui ha canviat: l'experiència nefasta de dues guerres mundials ha anat acompanyada, primer, d'una desconfiança radical en la capacitat de la raó per bastir edificis teòrics i, després, d'un llarg procés de globalització a escala mundial, amb conseqüències òbvies en el terreny de l'economia i de les relacions interculturals. Els que pensen que el segle XX ha iniciat l'època definitiva de la *pax internationalis*, sense blocs ni barreres, s'atreveixen també a anunciar la mort de les ideologies.

Els judicis d'aquesta mena acostumen a estirar més el braç que la màniga. Perquè és ben cert que, per la seva dinàmica, el segle XX apareix com un segle de traspàs: gràcies als descobriments científico-tècnics —molt particularment en el camp de les comunicacions i de la informàtica—, s'han obert ja les portes d'una nova era digital que estarà caracteritzada, previsiblement, per relacions econòmiques, culturals i humanes diferents a les existents fins ara. D'això, però, no se'n pot treure, de cap manera, la conclusió que hem entrat en l'ocàs de les ideologies.

Davant l'anunci de la mort de les ideologies —així com davant l'anunci, per exemple, de la fi de la lluita de classes, de la inevitabilitat de la globalització mundial o de la definitiva superació dels nacionalismes—, sempre és útil fer-se la pregunta clàssica «*Cui prodest?*», és a dir, a qui afavoriria això, qui en sortiria beneficiat, si la gent s'ho cregués? Em sembla que els resultats més immediats serien la desmobilització i la indefensió ideològiques dels ciutadans. Així com, si s'anuncia que el llatí ha mort, resultarà poc atractiu estudiar llatí, o si es diu que el nacionalisme és un vestigi arcaic, no serà gaire engrescador de simpatitzar-hi, així tampoc no tindrà gaire sentit de participar en el debat ideològic si s'accepta que les ideologies han mort definitivament.

Per sort, els ciutadans crítics no es refien mai de les consignes dels intel·lectuals, sinó que estan atents als fets mateixos de la vida quotidiana, que sovint són tossuts, rotunds. I la vida quotidiana continua essent l'escenari d'una confrontació ideològica a estones despietada: el liberalisme econòmic s'enfila per damunt dels pobres, el dogmatisme ofega la crítica i la discrepància, la superficialitat revestida d'objectivitat científica esquiva els problemes morals i els declara resolts. Podríem trobar molts exemples de com avui s'ha arribat a endurir el combat ideològic i polític; n'hi ha prou de recordar l'existència, a escala mundial, d'enormes masses de marginats i exclosos, les miserables relacions laborals i socials que es viuen en molts països d'economia pretesament emergent, la consolidació de tantes i tantes dictadures, o la por a la llibertat que s'instal·la en societats políticament correctes. Certament, no ho sembla pas, que les ideologies hagin mort. Més aviat sembla que es volen posar algunes ideologies fora de joc per facilitar precisament el camí triomfal de les altres. La nostra és una època paradoxal: la ideologia dominant —la que pressiona i influeix— fa veure que ja no hi ha ideologies.

És, doncs, en aquesta complexa situació que hem de respondre la pregunta «Com es poden ensenyar els valors?». Els diversos grups socials o ideològics saben que han d'estar alerta, perquè els mecanismes d'ensenyament i transmissió dels seus valors corren constantment el perill de ser ineficaços. I és que, en les nostres democràcies plurals i capitalistes, l'eficàcia en la defensa dels valors no depèn només del *tipus* de valors que es promoguin sinó, sobretot, del tipus de *poder* que promogui els valors. Les societats més tancades o més homogènies i els grups de poder amb més recursos i influència tenen mecanismes molt més eficaços en el control i en la transmissió dels valors.

Per això són tan importants els mitjans a l'hora de comunicar els valors. I és que adoptar una manera o una altra de transmetre els valors ja és optar per un tipus de valors determinat: així, quan els valors es volen *imposar*, la imposició apareix com un valor; quan s'afavoreix una actitud indiferent envers els valors, s'està afavorint la *indiferència* com a valor; quan s'impulsa la reflexió crítica dels valors, la *reflexió crítica* es presenta com un valor.

8.2. Els valors s'aprenen

Això ens porta al problema de la correspondència entre ensenyament i aprenentatge, és a dir, al problema de fins a quin punt allò que es vol ensenyar coincideix amb allò que s'acaba aprenent. Aquesta correspondència té pocs problemes en l'ensenyament que només vol transmetre coneixements, siguin informacions precises (dates, fets, regles, notícies, records, textos) o teories (de ciències, humanitats, art, religió, vida social o política). En aquests casos, la transmissió queda assegurada si l'aprenent és capaç de repetir pel seu compte les informacions rebudes. L'escola és el lloc privilegiat d'aquest tipus d'ensenyaments, però no pas l'únic: també es fomenta a través de les normes i dels costums familiars, de regles socials de tota mena —d'urbanitat, d'higiene, de salut o de comportament públic—, a través de les constitucions o dels codis civil i penal, de les festes patriòtiques, de l'acció dels grups religiosos o militars, i de moltes altres maneres.

Hi ha qui pensa que l'aprenentatge dels valors consisteix, bàsicament, a aprendre les teories que hi ha al darrere de principis com ara «La democràcia és el millor sistema de govern», «Val més donar que rebre» o «Llibertat, igualtat, fraternitat». Aquestes teories i principis poden ser ensenyats i apresos com qualsevol altra doctrina acadèmica. Ara bé, si es vol que els valors no quedin reduïts a principis abstractes, a eslògans que es poden memoritzar i repetir, si es vol que esdevinguin principis d'*actuació* en el món —que donin pautes per jutjar-lo i per actuar-hi—, llavors se n'han d'afavorir la interpretació i l'aplicació. Perquè uns mateixos valors abstractes —per exemple, de llibertat, democràcia, generositat o pau— poden ser interpretats i aplicats de moltes maneres, fins i tot oposades. De fet, la defensa dels valors només resulta important —influent— quan deixa de ser una defensa teòrica de principis i passa a ser una defensa de valoracions, de maneres concretes de valorar i d'avaluar.

Transmetre principis, però, és força més fàcil que transmetre interpretacions, valoracions, gustos, estils, tarannàs, amors o creences. La petita història de cada dia ressenya les dificultats d'aquest tipus de transmissió concreta: sovint els valors ensenyats no coincideixen amb els valors realment apresos. Hi ha molts exemples de pares honrats que tenen fills deshonestos, de fills abnegats amb pares egoistes, de mestres i predicadors amb deixebles molt desigualment formats, d'amics i d'amants que no es corresponen, de ciutadans i governants incapaços de sintonitzar en l'exigència ètica, en l'ideal social, en la responsabilitat política. Hi ha exemples de tot això, però també de tot el contrari. De fet, doncs, podem adoctrinar, amb certa facilitat, sobre els valors com a *principis*, però no podem garantir, en canvi, que els principis seran *practicats* i *concretats* tal com nosaltres desitgem.

Per a la pràctica dels valors, és imprescindible de comptar amb la complicitat d'aquells a qui volem que els nostres valors arribin. I és que ells, en ús de la seva llibertat, sempre poden optar per valors diferents o poden concretar de maneres molt diferents els nostres principis. No hi ha, doncs, cap recepta eficaç per a la transmissió d'una actitud, un tarannà, una disposició moral. L'aprenentatge domèstic, llarg i pacient, tampoc no garanteix res. Pèricles —que va ser el polític atenès més prestigiós i influent del segle v aC— ho sabia prou bé: va encarregar l'educació dels seus fills a uns pedagogs de confiança, senzillament perquè no es va refiar de si mateix, de ser capaç de transmetre als seus fills allò en què creia i que més estimava.

En una època de propaganda liberal com la nostra, a molts els tempta la idea de deixar els valors al seu aire, sense institucions que en protegeixin la transmissió; pensen que els valors ja s'espavilaran sols i que la vida acabarà aprovant o suspenent els ciutadans. Sembla, però, curiós que els que desconfien que siguem capaços d'aprendre valors a través d'institucions, confiïn, en canvi, que siguem capaços d'aprendre'ls tots sols, cadascú pel seu compte. De fet —tot i els cants de sirena del liberalisme més primitiu—, els humans continuem buscant formes i maneres d'influir en la transmissió dels valors, sense abandonar-la i sense abandonar-nos. I és que no sembla que sigui possible desinteressar-se completament d'allò que de debò s'aprecia.

Així, doncs, les dificultats pròpies de qualsevol ensenyament escolar augmenten enormement quan es vol promoure l'adquisició de valors. La complicitat anímica necessària per arribar a compartir valors només és possible quan també es comparteix un clima d'*experiència dels valors*. Gairebé podríem dir que la relació que fa créixer el sentit i el gust pels valors no és mai una relació lineal entre persones, sinó que més aviat és una relació ambiental, un clima envoltant. Si els valors només són apresos com una teoria, es converteixen en una crosta que no travessa la vida dels individus. Per afavorir l'experiència i l'adopció de valors concrets s'ha d'afavorir també la creació d'espais espontanis poc programats, amb un clima adequadament obert i plural. Una educació així no és exclusiva de casa ni de l'escola, sinó que es fa en molts àmbits i a molts nivells. Pèricles també ho sabia: per això deia que la gran escola de Grècia era la ciutat d'Atenes.

Reconeguem-ho, doncs, sense embuts: hi ha moltes coses —sovint les més importants— que s'aprenen sense que ningú les ensenyi, almenys de manera explícita i formal. I, tanmateix, no s'aprenen pas sense influència: s'aprenen en un procés llarg i tàcit, durant el qual s'entra en contacte amb persones i situacions que tenen maneres diverses de veure i de viure el món, persones i experiències que esdevenen —de vegades, sense adonar-se'n— punts de referència. Així es descobreixen idees, pensaments, intuïcions, accions i reaccions, que es van assajant i assumint, sovint amb dificultats. És la mena d'aprenentatge que —com el dels valors— no es fa per instrucció precisa, sinó més aviat per influència i interacció difuses, per òsmosi social.

Per a la transmissió dels valors, doncs, és millor crear espais d'experiència dels valors, que no pas ensinistrar rígidament en principis o en pautes de conducta. La família continua tenint un lloc privilegiat en aquest aprenentatge, perquè exerceix sobre els seus membres una influència subtil i duradora en moments de gran receptivitat personal. També hi ha, però, altres instàncies d'influència efectiva, justament perquè tenen atracció afectiva: són les colles d'amics i col·legues, els grups i temps de lleure, els ídols de la cançó o de la vida pública, alguns espectacles, pel·lícules o llibres. Les possibilitats d'influència —i d'influència profunda— sobre les persones són tan infinites que no sembla que es pugui arribar a oferir cap teoria psicopedagògica que tingui en compte adequadament tots els aspectes possiblement rellevants.

Això ha estat reconegut per moltes pedagogies del segle XX, que han subratllat la importància —gairebé ecològica— de la vivència dels valors en un medi no artificial. Per això, han reconegut també la necessitat de potenciar formes d'educació poc convencionals, poc estructurades, un xic difuses, però molt en contacte amb les necessitats, els desigs i l'entorn natural dels ciutadans. D'aquí l'èxit de les formes d'educació més informals, que es produeixen en el lleure o en el carrer, i que, de fet, existeixen, tant si hi ha educadors que hi intervenen com si no.

Aquests processos educatius informals són, per definició, vius i espontanis, participats. Ara bé, allò que constitueix la grandesa de l'educació informal —que no ofereix coneixements teòrics sinó models i formes de vida— també és la seva major debilitat: i és que els espais de vivència espontània dels valors no faciliten la reflexió teòrica i crítica; certament, les experiències que s'hi fan no s'aprofiten prou si no se n'arriba a descobrir el valor i el sentit. D'aquí que pares, educadors, assistents socials i predicadors, polítics o grups econòmics, tinguin tant d'interès a intervenir i influir en els processos educatius informals: volen aprofitar i potenciar els valors que estan en joc, i disminuir, alhora, l'efecte de valors no desitjats.

Ara bé, sempre que s'intervé en un procés viu, se l'afecta i se'l transforma. Així, quan un educador de carrer intenta treballar amb grups de joves, l'educador acaba —inevitablement— cohibint el procés: el fenomen espontani i desordenat que vol conèixer i potenciar, perd —amb aquesta intervenció— espontaneïtat i vivesa. Convé, doncs, que, en l'educació informal dels valors, distingim bé entre el fenomen mateix i la reflexió que se'n vol fer. El *fenomen* de l'educació informal es produeix en molts àmbits socials; no és una alternativa a l'educació formal —escolar, per exemple—, sinó que és una realitat educativa paral·lela i simultània. En canvi, la *reflexió* —la pedagogia— d'aquesta educació no formal és realment un plantejament educatiu alternatiu que vol trobar nous espais més enllà dels escolars clàssics i que vol aprofitar aquesta experiència per promoure canvis importants en l'estil educatiu formal i tradicional.

En tot cas, una cosa és clara: en el camp dels valors, s'ha d'estar molt atent a allò que s'ensenya, però més encara a allò que s'acaba aprenent. Com que hi ha moltes maneres d'ensenyar els valors, i moltes no acaben amb l'aprenentatge desitjat, potser ha arribat l'hora de capgirar el plantejament clàssic que insisteix obsessivament en l'ensenyament i en la figura de l'ensenyant. I és que, si sabem que l'aprenentatge dels valors no depèn només de l'ensenyament sinó de moltíssims altres factors, haurem de concloure que l'ensenyament dels valors ja no es pot desentendre dels seus resultats, sinó que n'ha de dependre. És molt més decisiu descobrir per què s'aprèn allò que s'aprèn —és a dir, descobrir com s'aprèn—, que no pas examinar i reexaminar el que s'ensenya. Com que el que importa és l'aprenentatge dels valors, l'aprenentatge ha de ser també l'única pedra de toc de l'ensenyament dels valors. Així, doncs, una bona resposta a la pregunta «Com es poden ensenyar els valors?» potser podria ser aquesta: «Només sabràs com es poden ensenyar de debò, si descobreixes com s'aprenen. I procura que al voltant teu es puguin aprendre, encara que tu no els ensenyis». Això, és clar, no depèn només de teories i de doctrines, sinó, sobretot, d'un clima.

8.3. Valors i gustos

S'ha discutit molt si els valors són objectius o subjectius, és a dir, si són valuosos per si mateixos —independentment de nosaltres— o bé si ho són gràcies a nosaltres —si som nosaltres que els fem valuosos. Pel que he dit abans, ja es veu que aquest plantejament dualista objectiu/subjectiu no ens pot ajudar gaire a l'hora de pensar en els valors. I és que, tant si diem que els valors són objectius com si diem que són subjectius, no haurem aclarit res sobre la *funció* dels valors, que és el que realment ens interessa. En efecte, el problema important no és saber d'*on ve* el valor que tenen els valors —si és un valor d'ells o nostre—, sinó saber *per a què* serveixen els valors. L'important, doncs, no és el seu *origen* sinó el seu *final*.

Massa sovint ens deixem enredar per plantejaments que podríem anomenar «origenistes»: ens sembla que si sabem l'origen de les coses, ja sabem què són; però que si no el sabem, no sabem què són. I això no és pas ben veritat. Saber, per exemple, *quan* apareixen els primers manicomis o les primeres presons —en quines dates i en quins països— i *com estaven organitzats* és disposar d'uns coneixements interessants, sense major transcendència. Saber, en canvi, *en quines circumstàncies* socials apareixen aquells establiments i *amb quina finalitat*, resulta decisiu per entendre què eren realment, quina funció social tenien. Si volem entendre i no solament saber, no en tenim prou amb les dades, sinó que necessitem connexions, relacions, contextos que donin sentit. Per això, la finalitat social acostuma a ser molt més important que no pas l'origen físic o cronològic. O dit d'una altra manera: el *quan* i el *com* dels fets i dels esdeveniments només són plenament expressius quan van acompanyats del *per a què*.

Per això, no és gaire important saber com neixen uns determinats valors, mentre sapiguem què en fem dels valors, com és que els critiquem, els triem o els acceptem, i per a què ho fem. El debat sobre l'objectivitat o subjectivitat dels valors només té un interès relatiu. Perquè resulta clar que els valors —vells o nous, entesos d'una manera o d'una altra— necessiten una base social que els doni existència, presència, eficàcia. Els valors són sempre valors compartits. Els valors només són valors reals —i no idees, projectes o somnis— quan fan algun paper valuós en la vida dels qui els accepten.

Convé no confondre, doncs, valors amb il·lusions, somieigs o fantasies. Els valors no són solament allò que cadascú valora sinó que són també allò que dóna valor a la vida de cadascú. Per això no són simplement allò que *agrada* o allò que *ve de gust*. És obvi que els valors han de tenir alguna cosa a veure amb la satisfacció o el gust —almenys els valors estètics—, però això no vol dir que s'acceptin —ni tan sols els valors estètics— simplement perquè *agraden*. Qui accepta, per exemple, els valors de l'honradesa, l'objectivitat, la sobrietat o la justícia, sap perfectament que són valors que no sempre li donaran satisfaccions, que de vegades potser se li entrevessaran en situacions amargues i difícils.

La pregunta «Per què acceptem els valors que acceptem?», no sempre té una resposta clara i, sovint, ni té resposta. De vegades direm que els hem acceptat per tradició o aprenentatge; de vegades ho explicarem a través de teories filosòfiques o religioses; i de vegades no sabrem per què. En aquest últim cas, no estarem pas teòricament més desarmats que en els altres. I és que, tant si trobem explicacions com si no, les nostres teories acaben essent insuficients. La resposta amb què, finalment, ens podrem justificar serà «Ja ho veus: aquests són els que accepto.» El que en tot cas serà important és que sàpiga com els accepto —com els concreto— i amb quins objectius. (Això, però, ni ens passa només amb els valors ni és una experiència tan estranya. No sempre sabem per què comprem *aquests* productes, per què ens dediquem a *aquesta* feina o per què tenim *aquests* amics. En gairebé tots els casos, no és decisiu saber-ne el perquè sinó saber-ne el sentit. I el sentit es pot saber sense el perquè.)

Amb això, no estic pas abonant la idea que el terreny dels valors és el terreny de l'absoluta subjectivitat o de l'arbitrarietat. Més aviat em sembla curiós i discutible el refrany «Sobre gustos no hi ha disputes».

Perquè, és evident que sobre gustos hi ha moltes disputes; bàsicament, és sobre gustos que es disputa. Es discuteix i es disputa sobre el que és opinable, no sobre el que és obvi o irrefutable. La dita, però, subratlla una opinió força comuna, segons la qual les qüestions de gustos són qüestions personals, més enllà de qualsevol argumentació racional. És una opinió que traspua un prejudici important, ja que atribueix als gustos i a les opinions un nivell de subjectivitat i d'arbitrarietat que mai no atribuiria als sabers científics o als coneixements dels experts. Aquest prejudici és tan estès i tan interessant que mereix que ens hi aturem.

Hi ha resistència a acceptar que, en el terreny dels gustos, hi pugui haver judicis experts. Per això, el «Sobre gustos no hi ha disputes» es completa sovint amb la conclusió «Tants caps, tants barrets». Al darrere d'això, hi ha una concepció clarament essencialista del coneixement i dels valors. Si es pensa que qualsevol opinió sobre els valors és igualment bona és perquè es pressuposa, en primer lloc, que ningú no té accés al *veritable* significat dels valors; si algú hi pogués tenir accés, la seva opinió seria decisiva; en el terreny dels valors, però, no hi ha —segons aquesta visió— opinions decisives, sinó que totes són parcials i subjectives; ningú no pot dir *què és realment* un valor determinat, quina és la seva essència; cadascú només dóna la *seva* visió, la *seva* opinió, sempre limitades.

Això va acompanyat encara d'un segon argument: del fet que les afirmacions sobre valors no puguin ser demostrades o refutades *de la mateixa manera* que les afirmacions científiques, se'n treu la conclusió que, en el terreny dels valors, no disposem de bons criteris de decisió i no podem, per tant, desenvolupar discussions i conclusions rigoroses. L'argument, és clar, no s'aguanta per cap costat. Pateix una gran crisi d'enlluernament cientificista. I és que pressuposa que *només* les ciències tenen criteris de discussió rigorosos; i en comptes de dir que allò que no són ciències no disposaran, evidentment, dels criteris rigorosos *propis de les ciències*, diu que no disposaran de *cap mena* de criteri rigorós. Ja es veu el poc rigor amb què es treu una conclusió tan rigorosa. Que la discussió sobre els valors no es pugui fer amb el tipus de rigor propi de les discussions científiques, no vol dir, de cap manera, que no es pugui fer amb cap tipus de rigor. Certament, el concepte de rigor es pot entendre i aplicar de moltes maneres, i cada activitat humana ha de buscar el tipus de rigor que li sigui més adequat: el rigor necessari per portar una empresa no coincideix pas amb els diferents rigors necessaris per preparar una festa, per educar els fills, per fer una traducció, per dirigir un laboratori o per comandar un exèrcit.

Em sembla, doncs, que només pot defensar seriosament que «Sobre gustos no hi ha disputes» qui també defensi aquests dos arguments essencialistes: que els valors tenen un significat *autèntic* que no està al nostre abast; i que *només* les ciències disposen de criteris de discussió rigorosos. Segons això, quan parlem de valors, estem condemnats a defensar només gustos personals amb arguments no massa concloents. No em sembla que hagi d'insistir més en la feblesa d'aquest plantejament de baixa racionalitat. Ni és cert que la raó doni tan poc de si, ni ho és que els valors tinguin tan poca raó.

L'afirmació de Blaise Pascal (1623-1662) que «El cor té raons que el cap no entén», s'ha interpretat sovint com una reivindicació de la importància d'allò que no és càlcul científic estrictament lògic, de la importància dels valors, de les passions, dels sentiments. Certament, aquestes coses tenen molta importància. La dita de Pascal, però, és perillosa, perquè, tot i que parla de les *raons* del cor —i, en aquest sentit, no fa una separació radical entre cap i cor—, tanmateix diu que aquestes raons no són enteses pel cap, com si les raons del cor fossin d'un tipus radicalment diferent de les raons del cap.

Heus aquí una posició compartida per molts: en comptes de buscar com es pot parlar, amb raó, dels valors, es procura protegir els valors de la mirada —pretesament estricta i prepotent— de la raó, per acabar acceptant que el món dels valors és un món apart del món dels fets i del coneixement científic. Amb això s'accepta, és clar, una visió dualista del món que pot arribar a ser esquizofrènica: d'una banda, els fets, aparentment neutrals i purs; de l'altra, els valors i les interpretacions, aparentment lliures i sense control. Així com sembla un prejudici racionalista acceptar la superioritat de la ciència per sobre dels valors, tampoc no sembla aconsellable voler partir els individus en dues meitats independents i inconnexes: aquí el cap, allà el cor. Sembla, doncs, recomanable defugir la temptació de considerar el cor com una via paral·lela de coneixement inaccessible a la racionalitat.

Perquè, encara que els valors siguin vagues i intuïtius, no han pas de ser considerats aracionals i arbitraris, com si només depenguessin del gust, de l'humor o de la rauxa. Els valors apareixen sempre en contextos vitals plens de projectes, de reflexió, de sentit crític. Per això s'ha de reivindicar el dret del cap a examinar si les raons del cor són raons de debò o només excuses cordials. Tan insensat és voler desacreditar els valors en nom de la ciència, com fer veure que els coneixements no tenen res a veure amb els valors. Només si ens adonem de la importància de conèixer bé els valors i de valorar bé els coneixements serem capaços d'entendre el món en què vivim, que és complicat d'entendre justament perquè és complex d'estructura.

8.4. Realitat dels valors

He dit que és més important conèixer la funció dels valors —saber què en fem—, que no pas discutir d'on ve el valor dels valors, si d'ells mateixos o de nosaltres. Que una cosa, però, sigui més important que l'altra i que aquesta altra només tingui interès relatiu, no vol pas dir que no tingui cap interès. De fet, la discussió sobre l'objectivitat o subjectivitat dels valors continua plantejant-se sovint i de formes diverses. Es formula, per exemple, a través de la pregunta «Són *reals* els valors?».

Ara podríem abordar aquesta pregunta repetint simplement la resposta d'abans, quan dèiem que els únics valors reals —valors de debò— són els que *fan realment* un paper en la nostra vida. Amb això, però, no hauríem aportat res de nou i, sobretot, hauríem desaprofitat l'oportunitat de reexaminar el concepte de *realitat*. De fet, quan preguntem si són reals els números, o bé els pensaments, no preguntem només si els fem servir o els tenim —ja sabem que sí—, sinó que també demanem si els números i els pensaments tenen alguna realitat pel seu compte, independentment del fet que nosaltres els pensem o no. I això és el que també ens podem preguntar amb relació als valors: el fet mateix que grups humans diversos pensin en els valors, s'hi fixin, els acceptin o els rebutgin, no significa potser que els valors tenen algun tipus d'existència pròpia?

Aquí estem vorejant dos grups de problemes molt clàssics: els que s'interessen per les coses que *hi ha* en el món («Què existeix realment?» o «Què és real?»), i els que es plantegen les possibilitats de *conèixer* les coses que hi ha en el món («Podem conèixer la realitat?»). Em limitaré a insinuar uns quants punts bàsics amb relació a cada qüestió.

«Què existeix realment?» no és una pregunta gens simple i, encara menys, ingènua. Perquè la pregunta mateixa pressuposa que hi ha coses que existeixen realment i coses que només sembla que existeixin, però que no existeixen de debò. Ara bé, la línia divisòria entre allò que existeix i allò que no existeix sovint és difícil de fer i, en tot cas, depèn dels *criteris* que s'apliquin per fer la distinció, depèn de l'*estàndard* de realitat que s'accepti: per exemple, si algú pensa que *l'autèntica* realitat és la realitat física, fàcilment conclourà que els números, els somnis, els pensaments o els esperits no existeixen, senzillament *perquè* no tenen realitat física; en canvi, si algú accepta que les úniques realitats *veritablement* reals són les que no varien ni es corrompen, acceptarà que les realitats matemàtiques, les idees o els esperits són molt més reals que els cossos o que els nostres pensaments. I és que, si es té en compte la solidesa i la concreció, una poma és molt més real que un pensament; ara bé, si es pensa en la caducitat, la poma serà menys real que el pensament, perquè una poma acostuma a ser molt més efímera, molt menys duradora que un pensament. Tot depèn, doncs, dels criteris que es facin servir per acceptar alguna cosa com a real.

Personalment, no veig la necessitat d'acceptar un únic criteri de realitat com a patró per mesurar-ho tot. M'estimo més aquest altre plantejament: no imposar als altres els meus criteris de realitat, sinó mostrar-me disposat a examinar *qualsevol* criteri que se'm proposi. Com que no vull forçar la realitat, sinó entendre-la, ja m'està bé de tenir al davant la gran multiplicitat de realitats acceptades entre tots: objectes físics, veritats matemàtiques, realitats mentals, éssers ficticis, institucions, projectes, valors, esperits, energies, virtuts o vicis. Tot això, i molt més, forma part de l'univers humà. Totes aquestes són, doncs, les realitats que convé examinar i entendre, sense dogmatisme, sense excloure'n cap de bon començament.

Ara bé, que estigui disposat a examinar totes aquestes realitats, no vol pas dir que també estigui disposat a acceptar-les totes o que trobi que totes estan prou ben defensades. (El mateix passa en política democràtica: que tothom tingui el mateix dret d'opinar, no vol pas dir encara que totes les opinions siguin igualment bones. Tothom té dret a parlar, però no tot el que es diu és igualment sensat.) Si vull examinar la diversitat de realitats proposades és perquè vull veure *com és* cadascuna d'aquestes realitats, és a dir, com se'n parla, què se li atribueix, quines funcions té. Només veient *com és*, podré saber també de *quin tipus* de realitat es tracta: les realitats físiques, per exemple, poden ser conegudes a través dels sentits; els pensaments i les idees, no. Per això convé veure què fan i què en fem dels objectes o dels pensaments. Llavors descobrirem les seves possibilitats, els seus límits, la seva naturalesa. I no conclourem, és clar, que només són reals aquests o aquells, sinó que descobrirem *de quina manera* són reals els uns i els altres, és a dir, quina mena de realitat té cadascun. Amb això, tampoc no anivellem totes les realitats, sinó ben al contrari. No diem pas que totes aquestes realitats siguin iguals, sinó només que totes elles —els números, les taules, la tolerància, els tribunals de justícia o els extraterrestres— tenen el mateix dret inicial de fer-se valer com a realitats. El que cal és descobrir quin tipus de realitat fa valer cadascuna.

I això ja ens porta directament a la segona pregunta: «Podem conèixer la realitat?». En abstracte, la pregunta no sembla tenir un sentit gaire clar. Acabem de veure que *la manera* de conèixer les coses, o de fer-les, és extraordinàriament important. I és que no és veritat —ni en el terreny del coneixement ni en el de la moral— que la meta i els fins, tot i ser importants, siguin les úniques coses importants o que ho siguin *totes soles*. El camí, els mitjans, tenen tanta importància que poden *condicionar* la meta d'arribada. «Tots els camins van a Roma» només pot ser entès en contextos molt especials o com una exageració pintoresca.

És òbviament fals que tots els camins vagin a Roma. D'aquí que sigui tan important triar un camí o un altre; de fet, encara que dos camins acabin portant allà mateix, no es podrà pas dir que es tracta de dos camins iguals o equivalents si no hi porten de la mateixa manera.

La manera, el com, els mitjans, han de ser sempre tinguts en compte, perquè són decisius en tots els camps, tant és que es tracti de matemàtiques com de literatura, de moral com de pedagogia, de camins de bosc com de mètodes de pensament. Així, per exemple, l'afirmació «La realitat es coneix a través de l'experiència» no és ni trivial ni ingènua: si per «experiència» s'entén «experiència a través dels sentits», l'única realitat que podrem conèixer —o que podrem conèixer millor— serà la realitat física, empírica, i les altres realitats o bé quedaran subordinades a la realitat física o bé seran incognoscibles; en canvi, si «experiència» vol dir «experiència adquirida en la pràctica quotidiana», ens trobarem en una perspectiva ben diferent, perquè la pràctica diària topa amb moltes realitats més enllà de les estrictament físiques i palpables.

Em sembla que ara ja tenim les coses més ben plantejades: si deixem de banda els prejudicis que puguem tenir sobre el que és real i el que no ho és, podrem acceptar com a *real* tot allò que faci realment algun paper en la nostra vida quotidiana. Ara bé, només podrem descobrir la diversitat d'aquests papers si estem atents a les *diferents maneres* que tenim de relacionar-nos amb la realitat, a les diferents formes de parlar-ne. Així és com anirem descobrint que els objectes físics tenen un tipus de realitat diferent dels valors, dels desigs o dels pensaments, i que aquestes realitats són diferents encara del tipus de realitat que s'atribueix als esperits, a les fantasies o als somnis. Cada cosa *mostra* el seu nivell i grau de realitat pel paper que fa en la nostra vida. Això, evidentment, varia molt d'un subjecte a un altre, d'una època o d'un grup a una altra època i a un altre grup. Per a alguns, els esperits dels difunts són presents i actuants de manera que condicionen els seus pensaments, les seves paraules i actuacions: *aquesta* és la realitat que tenen els esperits dels difunts per a ells. Per a altres, els esperits són motiu de discussió filosòfica o de controvèrsia televisiva: *aquesta* és llavors la realitat d'aquells esperits.

Algú podria dir, però, que, si bé hi ha realitats discutides i no generalment acceptades —com ara déu o els esperits—, tanmateix hi ha realitats que obtenen un reconeixement general. Certament, tots acceptem, per exemple, la realitat dels objectes físics, encara que no sempre tinguin per a tots la mateixa significació i importància. També hi ha, però, altres realitats comunament acceptades, segons les èpoques i els llocs: pensem, per exemple, en el paper canviant de certes institucions —com la família, l'estat o l'església— o en la importància de certes idees, projectes, creences, que acaben informant la vida col·lectiva i que donen tantes alegries i tantes penes que poden empènyer a matar o a morir per elles.

Tot això pot ajudar a il·luminar una mica més la naturalesa dels valors. Quan es diu que els valors són subjectius, el que es vol dir, segurament, és que no són eterns, invariables i necessaris per tothom: la seva interpretació i acceptació depenen de contextos històrics i ideològics, de tradicions, d'influències socials i, finalment, de l'aplicació que en facin els subjectes, cadascun amb el seu tarannà i la seva manera de ser. Això mateix, però, ja mostra que «subjectiu» no vol pas dir, de cap manera, arbitrari o capriciós. Perquè no és cert que cadascú pugui acceptar els valors que *vulgui*, entre altres coses perquè no pot voler moltes coses que ni coneix ni s'imagina. Així, doncs, alhora que s'afirma que els valors són subjectius —en el sentit que acaben essent personals—, també es pot afirmar, sense cap contradicció, que són objectius, és a dir, que no són fruit de la rauxa, sinó que surten de l'experiència col·lectiva i poden ser discutits, contrastats, argumentats, abandonats o reinventats.

És interessant de veure que aquest doble caràcter subjectiu-objectiu no és pas exclusiu de la realitat que anomenem *valors*, sinó que, al capdavall —amb diferències i matisos, és clar—, és propi de totes les realitats que juguin algun paper en la nostra vida: si hi juguen algun paper han de ser viscudes i acceptades com a tals —han de ser, si es vol, subjectives—; però, com que poden jugar aquest paper, és a dir, com que poden tenir pes i influir, han de poder ser reflexionades i compartides —si es vol, han de ser objectives.

D'això, també en podem treure una lliçó important: els nostres coneixements, experiències, valors, sentiments, no podrien ser entesos ni viscuts si no es trobessin sempre en el marc de les experiències humanes personals i compartides. Per això resulta estrany parlar, per exemple, de «llibertat il·limitada» o de «paciència infinita». En la vida diària, entenem bé què volem dir amb aquestes expressions. Si ens posem a filosofar, però, fàcilment caiem en la trampa de pensar que «il·limitada» vol dir «sense límits» o que «infinita» vol dir «sense fi», com si fossin possibles una llibertat i una paciència sense condicions, *incondicionals*, *incondicionades*.

Això, és clar, no és possible. Tots estem condicionats, d'una o altra manera, per la biologia, la història i la cultura. No seríem individus en condicions si no fóssim individus condicionats. Tanmateix, expressions com «llibertat il·limitada» o «paciència infinita» poden arribar a tenir un sentit moral bellíssim si amb elles es vol reclamar, per exemple, el dret de mantenir-se lliure en *qualsevol* condició —és a dir, no sense condicions, sinó malgrat les condicions—, o bé si es vol fer l'elogi d'una paciència a prova *de tot* —és a dir, no d'una paciència sense proves, sinó d'una paciència *més enllà* de qualsevol prova. De fet, la realitat dels valors no es mostra només quan els valors es fan presents, sinó també quan es desitgen, quan, en la seva absència, es treballa perquè siguin presents. Tots sabem, per exemple, que, quan no hi ha llibertat, el seu mer desig pot desencadenar processos d'alliberament insospitats.

Com a resum brevíssim podríem dir: el tipus de realitat dels valors és el tipus de realitat que mostren; i això només es descobreix si s'examina el paper que efectivament fan —o poden fer— en diferents situacions de la vida humana. Els valors que s'han après no sempre són aquells que s'han ensenyat, però sempre són aquells que es poden ensenyar, és a dir, que es poden *mostrar*.

(De vegades, resultats breus com aquests condensen reflexions molt llargues. Però, ja se sap que, per desfer nusos petits, sovint també hi passem molta estona. I pensar és desfer nusos contínuament; això sí, s'han de desfer amb compte, si no es vol que el fil del pensament es trenqui o que quedi més nuat encara.)

9

Moral i desmoralització

De vegades diem que els jugadors d'un equip de futbol es desmoralitzen quan perden, o que un alumne s'ha desmoralitzat per una mala nota que no s'esperava. Diem que es desmoralitzen i volem dir que es desanimen, que perden energia, fermesa, tremp. Es tracta, doncs, d'una desmoralització psicològica —fruit del cansament, l'avorriment o el desencís— que pot ser vençuda quan els esdeveniments adversos desapareixen i es comencen a recuperar les expectatives perdudes. Hi ha, però, un altre tipus de desànim que és força més profund i més difícilment reversible: es tracta del desànim moral, que més pròpiament hauríem d'anomenar *desmoralització*. Mentre el desànim psicològic és un desmai, un defalliment conjuntural, la desmoralització és un abatiment més profund, perquè no representa una pèrdua més o menys llarga de coratge, sinó que és una pèrdua de sentit, d'orientació moral. El que està desanimat, encara es pot reanimar, si les circumstàncies canvien; la pèrdua de sentit, en canvi, no depèn només de les circumstàncies. I és que l'estat del desanimat és un estat d'ànim, un estat psíquic, però l'estat del desmoralitzat és un estat d'ànima, un estat moral, un estat de vida.

No s'ha de confondre, però, el desmoralitzat amb l'amoral. L'amoral seria aquell que prescindiria de la moralitat, aquell que seria incapaç de tenir una preocupació moral pels altres, que seria indiferent a totes les qüestions morals. Amb franquesa, no em sembla pas que un individu radicalment amoral pugui existir. Els humans, poc o molt, fem valoracions morals i, de manera directa o indirecta, reconeixem drets i deures en les nostres relacions amb altres. De fet, una persona és, per definició, una persona moral. El desmoralitzat, doncs, no és un amoral. Més aviat és algú que ha perdut capacitat de resistència moral: no sap com orientar-se enmig dels interrogants i de les respostes morals que no donen prou sentit ni orientació a la seva vida. Em sembla que la desmoralització creixent de la societat és el principal problema moral de la nostra època. Cada vegada més persones es troben sense capacitat de resistència i d'orientació morals. Per això, precisament, és cada vegada més urgent examinar les arrels de la moralitat personal.

9.1. A què em sento moralment obligat?

Aquest interrogant és una versió de l'interrogant moral clàssic que pregunta: «Què he de fer?». Si ara reformulo l'interrogant és perquè em sembla important d'accentuar l'obligació *viscuda* i *sentida* enfront d'una possible obligació moral imposada, que sembla que ve «de fora». Certament, moltes morals han presentat l'obligació moral com una *imposició* despersonalitzada que s'havia d'acceptar tant sí com no. És cert que no hi ha moral si no hi ha alguna mena d'obligació, de deure, però també ho és que no hi ha obligació moral sense llibertat moral. Per això, les teories ètiques sempre tenen la dificultat de lligar l'obligació amb la llibertat. Segons com, sembla que la llibertat té massa poc paper; segons com, es pot pensar que en té massa.

El problema rau justament aquí: quan hi ha alguna instància —per exemple, déu o la llei moral natural— que ens diu què és el bé i què és el mal, sembla que la llibertat s'ha de limitar a acceptar, o no, aquesta norma moral; la llibertat no participa en l'elecció de la norma i adopta un paper moralment secundari. En canvi, quan som nosaltres els que lliurement triem els valors amb els quals ens volem obligar, la nostra llibertat assumeix el principal paper de la vida moral; llavors, però, correm el risc de deixar la llibertat sense control i de fer opcions desassenyades o capricioses. Aquest dilema —entre uns valors morals que s'imposen a la llibertat i una llibertat que decideix els valors morals— és semblant al que Sòcrates planteja a Eutifró: li pregunta si el bé és estimat pels déus perquè és bo, o si és bo perquè és estimat pels déus. Des d'alesbores s'ha plantejat moltes vegades què té prioritat en moral, si els valors o la llibertat.

Deixem ara de banda la voluntat dels déus o de déu. La reflexió moral ha de ser autònoma, i s'ha de poder fer independentment que s'afirmi o es negui l'existència de déu. Ben segur que un creient conformarà la seva moral d'acord amb la voluntat del déu en què creu. Però això ja pressuposa que la seva fe li dóna camins d'accés a la voluntat de déu que no són els camins comuns de què disposen els altres. I és que no hi ha cap camí ben natural —vull dir, al marge de la fe— per conèixer la voluntat de déu. Algú podria replicar, és clar, que la voluntat de déu és oberta a tothom —fins i tot als no creients—, gràcies, per exemple, a la llei moral natural, ja que és precisament aquesta llei la que porta a conèixer la voluntat de déu. Qui digués això, però, no solament hauria de mostrar com *s'interpreta* la llei natural —que no sembla òbvia—, sinó que també hauria d'explicar com és que, abans de saber la voluntat de déu —suposadament coneguda a través de la llei natural— ja sabem que la voluntat de déu és que la seva voluntat es conegui a través de la llei natural. Si no volem caure, doncs, en una paradoxa insoluble, hem d'acceptar que el coneixement de la voluntat de déu només es pot obtenir a través d'alguna font no natural de coneixement, a través d'algun codi de fe. En aquesta reflexió, però, no podem pas anar per aquest camí; per això la voluntat de déu no ens pot servir per descobrir a què ens sentim moralment obligats. En canvi, serà bo que examinem si la llei moral natural —que acabo d'esmentar— és accessible a tothom. Els seus defensors pretenen que es tracta d'una norma moral independent de la nostra llibertat, que ha de ser acceptada necessàriament si es vol portar una vida moral correcta. Examinem, doncs, els principals arguments a favor d'aquesta llei moral, per veure'n la solidesa i la força.

9.2. La llei moral natural

Alguns pensen que, tal com hi ha lleis de la naturalesa, hi ha també una llei moral que regeix la naturalesa humana de manera necessària i essencial. Com que les normes —universals i invariables— que es derivarien d'aquesta llei natural afectarien tots els humans, tots ells haurien d'actuar sempre, i sense excepció, d'acord amb elles. En una època, però, en què les anomenades lleis de la naturalesa estan sotmeses a revisió i debat, no és estrany que la llei moral natural sigui també objecte d'examen i de crítica.

El problema bàsic per acceptar l'existència d'una llei així, és veure com es pot arribar a conèixer. Si es tractés d'una llei realment natural —semblant a les de la naturalesa—, n'hi hauria d'haver prou amb les llums naturals de la raó per conèixer-la. Ara bé, ni és cert que tothom arribi a conèixer igualment la llei moral, ni resulta prou clar quines són «les llums naturals» necessàries per fer-ho. Certament, és difícil de defensar que allò que és natural, pel sol fet de ser-ho, ja sigui també automàticament bo, o que allò que no sigui natural hagi de ser, necessàriament, dolent. La noció de «natural» no és gens natural: o és *natural* anar despullat?; ho és matar animals per menjar-se'ls?; i ho són les transfusions de sang o els intents de protegir la vida per mitjans artificials? Seria massa ingenu voler distingir radicalment entre natura i cultura, o voler identificar natura i moral. Si algú es pensa —com sovint fan alguns moralistes i també certs ecologistes— que no hem de fer altra cosa que deixar «parlar a la naturalesa», és que no té en compte que quan ens acostem a la naturalesa ja ens hi acostem sempre amb criteris morals, amb idees, prejudicis, objectius i valors. (Per dir-ho així, la naturalesa en estat pur no ens parla mai, perquè la naturalesa en estat pur no parla. Som nosaltres que la fem parlar; i sembla talment com si la nostra insistència la intimidés: sempre ens acostuma a dir el que volem sentir.)

Certament, arribar a conèixer els trets *essencials* de la naturalesa humana no és un procés natural, sinó cultural, ja que depèn de què entenguem per *naturalesa humana*. Hi ha qui diu, per exemple, que mentir és *sempre* immoral —perquè quan es menteix es fa un ús del llenguatge que va contra la seva pròpia naturalesa— o que els anticonceptius són *sempre* immorals —perquè van contra la naturalesa de l'acte sexual, intrínsecament dirigit a la procreació. Aquestes afirmacions només es poden fer quan s'accepta que la *naturalesa* del llenguatge és dir la veritat i que la *naturalesa* de l'acte sexual és la procreació. Sabem, però, per experiència, que amb el llenguatge es poden fer moltes altres coses, i que l'acte sexual no porta tampoc necessàriament a la procreació. Ara bé, quan es formula la llei natural només s'agafa *un* dels aspectes rellevants de la realitat i es declara que *aquell* —i no els altres— n'és l'aspecte essencial, decisiu, bàsic. En aquest sentit, és cert que la llei natural *deriva* de la naturalesa; però també és cert que no és una llei *necessària* —tal com pretén—, ja que, així com hem derivat aquesta llei, també n'hauríem pogut derivar d'altres, si ens haguéssim fixat en aspectes diferents. Podem dir, doncs, que la llei moral natural no és una llei que la naturalesa ens *imposa*, sinó que és una llei que deriva de principis ideològics que nosaltres *imposem* a la naturalesa.

Destaquem ara un aspecte interessant de la qüestió: es recorre a la llei moral natural perquè es pensa que la naturalesa ens proporcionarà la fonamentació més sòlida, més *objectiva*, de la llei moral. Es tem que qualsevol altre fonament no tindria la seva força —com qui diu, la seva *autoritat*—, que qualsevol altre fonament seria tan estantís, esquerdat i insuficient que obriria de bat a bat les portes al subjectivisme i, finalment, al relativisme moral. Entenc la preocupació dels que pensen així, però no en comparteixo els arguments. Ja he mostrat que la naturalesa no és un fonament necessari per a la moral. És clar que tampoc no ho és la ciència: perquè, encara que algun dia els científics ens puguin arribar a dir, per exemple, quan *comença* i quan *acaba exactament* la vida humana, amb tot, no ens hauran pas alliberat de la responsabilitat de discutir si són morals o immorals l'avortament o l'eutanàsia. Al capdavall, també hem discutit durant segles —i encara avui— la moralitat o immoralitat de la pena de mort: no n'hi ha pas prou de saber que el condemnat a mort és, per definició, un ésser viu; més enllà d'aquesta constatació científica, encara ens hem de decidir sobre la moralitat o immoralitat de la pena. Les dades de la ciència són rellevants per a la moral, però no són un argument absolut, decisiu.

Així, doncs, ni la llei natural ni la ciència no ens proporcionen un fonament necessari per a la moral. De fet, però, no cal que busquem aquest fonament últim i definitiu en alguna altra banda, perquè un fonament d'aquestes característiques no existeix. I això no vol dir, de cap manera, que ens hàgim de resignar a una moral que, per sempre més, estigui mal fonamentada o infonamentada. Perquè la pregunta clau és saber si els fonaments de la moral formen, ells mateixos, part de la moral, o no. Si no en formen part, no es veu com la poden fonamentar. En canvi, si en formen part, la moral s'acaba aguantant sobre si mateixa, s'acaba autofonamentant, sense necessitat d'altres fonamentacions *últimes*. Certament, no sembla prou clar dir que els fonaments últims de la moral vénen de fora de la moral —de la ciència, per exemple, o de la filosofia, o de la naturalesa; perquè, com podran aquests fonaments no morals *donar valor* a la moral? És hora de reconèixer que la moral no es pot aguantar sobre fets o valors externs a ella, sinó que s'ha d'aguantar sobre la lliure valoració i decisió dels humans, sobre la seva responsabilitat. Per això les decisions morals són tan importants, per això s'hi ha d'anar tan en compte, per això hem de ser tan vigilants. En qüestions de moral, ni ens podem refiar ni podem dimitir. Això no vol pas dir, és clar, que la ciència i les ideologies no puguin aportar —i no aportin, de fet— molts elements de reflexió. I és que les decisions de la llibertat no es prenen mai en el buit o en abstracte, sinó tenint en compte dades, alternatives, intuïcions i reflexions provinents de moltes bandes.

La deixadesa i la indiferència són, precisament, perills morals molt importants. Tanmateix, encara que no hi hagi cap roca sòlida que ens pugui protegir d'aquests perills, no per això estem abocats necessàriament a l'arbitrarietat moral. Que no hi hagi *un* fonament que sigui *el* fonament de tota la moral, no vol pas dir que no hi hagi fonaments per a la moral o que la nostra conducta moral no tingui criteris que la regeixin. No acceptar, doncs, l'existència d'una llei moral natural, no és pas abandonar-se en braços de la irracionalitat moral. També ara és dolenta l'argumentació dualista del «o tot o res»: perquè no és veritat que hàgim de triar entre una moral absolutament obligatòria o una moral absolutament capriciosa. Com que la nostra vida és plena d'accions que ni són necessàries ni són arbitràries, en tenim prou amb ser responsables, amb ser enraonats: i això vol dir que hem de poder *respondre* dels *nostres* actes, hem de ser capaços de justificar, d'explicar, les nostres decisions morals. La moral —com la vida mateixa— no és un afer estrictament privat: per això les nostres decisions personals han d'estar sotmeses a l'argumentació objectiva.

9.3. Relativisme i objectivitat

Un problema important quan abordem la reflexió moral és aquest: molts pensen que la moral només és una qüestió d'*opinió*, de *gust*; com que, d'opinions i gustos, n'hi ha de moltes menes, n'hi ha que conclouen que, en moral, «tot s'hi val», que mai no podrem saber qui té raó; estan acceptant, doncs, el relativisme. D'entrada diré que, si abans he rebutjat el dogmatisme injustificat de la llei moral natural, ara rebutjo la frivolitat relativista: allunyar-se del monolitisme o del dogmatisme moral no significa pas haver-se de llançar, necessàriament, en braços del relativisme.

S'equivoquen els que pensen que la moral només és qüestió d'opinió. En primer lloc, perquè accepten, erròniament, que les opinions i els gustos sempre són capriciosos i irracionals. I, en segon lloc, perquè, en dir que la moral no té certeses sinó només opinions, semblen acceptar, també equivocadament, que la moral s'ha de *conformar amb menys* que la ciència, per exemple. La moral, però, no es conforma amb menys, sinó que té un altre projecte. És, certament, força desafortunat agafar el saber científic com a model per a qualsevol altra forma de coneixement. La moral no és un saber de segon ordre, una mena de saber disminuït, fràgil i poc fiable. Em sembla que entendrem més fàcilment la diferència entre moral i saber científic si canviem radicalment de registre i subratllem expressament que la moral *no és* un saber. I és que la moral —a diferència de les ciències— no pretén conèixer la naturalesa i el funcionament d'objectes i fenòmens, sinó que vol donar sentit i valor a les accions humanes. Això no la fa, però, menys interessant o menys segura que la ciència, sinó que només la fa menys controlable i menys predictible. En moral, l'important no és la veritat sinó el bé, no el saber sinó la saviesa, no els coneixements sinó el coneixement.

Tanmateix, encara que tothom tingui la seva saviesa, no totes les savieses són igualment sàvies. El relativisme és inacceptable senzillament perquè és contradictori: del fet que diferents grups o persones tinguin valors i actituds diferents, el relativista en conclou que *no està bé* que ningú interfereixi en els valors dels altres o bé els condemni. La contradicció rau en aquest «no està bé», que és formulat com un principi *absolut*, vàlid per a tots, aplicable a tots. Resulta, doncs, que el relativista, tot volent relativitzar les diverses pràctiques morals, acaba caient en la contradicció flagrant d'absolutitzar-les i de demanar que *totes* siguin respectades com a *absolutes*.

Malgrat aquesta contradicció elemental que el desqualifica, el relativisme té una imatge pública excellent: enfront de posicions dogmàtiques i intolerants, es presenta com una posició raonable, respectuosa i democràtica, fins i tot, com la que ho és més de totes. No sembla, però, que això sigui veritat. Qui accepta que qualsevol pràctica moral és absolutament respectable —fins i tot les accions més inhumanes i irracionals— no és una persona raonable i respectuosa sinó que és algú que confon el *respecte* amb la *indiferència*. L'actitud de respecte envers els altres sempre és moralment justificable; la indiferència, en canvi, no sembla que ho sigui. I és que el respecte sempre implica interès moral, preocupació i responsabilitat envers els altres, mentre que la indiferència és la negació de tot plegat. Per això la confusió entre respecte i indiferència és gravíssima i profundament enganyosa: en nom de la moral, s'aproven la despreocupació i el desinterès morals.

En criticar el relativisme no estic pas convidant a l'intervencionisme moral. Més aviat demano que no oblidem que la moral sempre respon a situacions i qüestions concretes. No són, doncs, les discussions abstractes de grans principis les que més ens interessen: els problemes morals concrets necessiten respostes concretes, no respostes genèriques i abstractes. Els grans principis i normes morals —com ara, «Estima el proïsme» o «No mentiràs»—, pretenen tenir validesa universal, però, justament per la seva pretensió universal, no poden atendre, alhora, els nombrosos i diversos casos relacionats amb l'amor al proïsme o amb la veritat i la mentida. Els grans principis només serveixen, com a molt, per orientar de lluny les nostres aspiracions i desigs morals, però no per donar-nos pautes de conducta. (El mateix concepte de «bé comú» s'hauria de revisar: contràriament al que sovint es pensa, no sembla que el bé comú sigui allò que és *igualment bo* per a tots, sinó que més aviat ha de ser allò de què tots en poden treure *algun bé*.)

Les lleis universals, doncs, s'han d'adaptar, s'han de concretar constantment; adaptar-les, però, vol dir destruir-les. I això significa que l'objectivitat moral no pot venir de les lleis universals: per més que es vulgui, elles no poden evitar de cap manera el subjectivisme o el caprici quan cadascú mira d'adaptar-les al seu cas particular. Les lleis morals només crearien una certa objectivitat —o, si es vol, una certa homogeneïtat— si fossin directament aplicables *a tots*; de fet, però, no en són, d'*aplicables*, ni a tots ni a uns quants, ja que cada vegada necessiten ser interpretades i adaptades.

Totes aquestes dificultats no fan sinó accentuar la importància de trobar algun criteri d'objectivitat per a la moral. Enfront del «tot s'hi val», que fomenta el desinterès mutu, hem de potenciar l'interès per contrastar argumentacions i decisions morals. Les accions morals responen a decisions *personals*, no a decisions *privades* i, encara menys, a decisions necessàriament egoistes. La reflexió moral necessita contrast públic d'arguments i d'interessos.

No és gens fàcil de tenir en compte, alhora, aquest doble element: la decisió personal i el contrast públic. La moralitat d'una acció no depèn del *nombre* de persones que l'aprovin; però l'acció només comença a ser matèria de consideració moral quan *algú* l'aprova. Cert, el bé i el mal no es poden decidir només a mà alçada, però tampoc no es poden fer el bé i el mal sense alçar la mà. O dit d'una altra manera: encara que el bé i el mal no depenen només ni de la meva voluntat ni d'un nombre determinat d'adhesions, tampoc no poden existir *sense* voluntat o sense adhesions. (Plantejem-ho d'una manera extrema: no tindria cap sentit defensar l'existència d'un bé i un mal que *ningú* no acceptés. De fet, si ningú no els acceptés, no hi hauria tampoc ningú que els pogués defensar.)

El problema de l'objectivitat en moral és, doncs, ben complex. Heus aquí, però, dos criteris que, presos conjuntament, poden contribuir a fer que una moral personal sigui també una moral crítica i autocrítica. Del primer, en diré el *criteri d'utilitat*; del segon, el *criteri de desinterès o d'imparcialitat.*

1) El criteri d'utilitat ens diu que les normes morals que acceptem han de servir per donar sentit a les accions i decisions de la nostra vida moral concreta, han de servir per desplegar-la, per explicar-la. Això vol dir que les nostres accions seran bones o dolentes no perquè tinguin un valor en si mateixes, sinó segons les conseqüències —bones o dolentes— que generin. (Aquest és també el sentit de la dita «de bones intencions, l'infern n'és ple»: i és que no n'hi ha prou que jo *vulgui* que la meva acció sigui bona; la meva intenció sovint no és suficient; l'acció no solament ha de ser *ben intencionada*, sinó que també ha d'estar ben encaminada, i això només es descobreix a través de les seves conseqüències.) El criteri d'utilitat és, doncs, un criteri de conse-

qüències; aquestes són decisives per a la valoració moral d'un acte. Una moral que es regeixi per aquest criteri, no serà essencialista i abstracta, sinó que tindrà en compte el context de les seves accions. Al capdavall, és el context allò que els acaba donant sentit.

2) El criteri de desinterès (o d'imparcialitat) ens diu que hem de mirar si les decisions preses *només* són interessades —tenen un interès exclusivament personal— o bé si també són interessants i convenients *per a qualsevol altra persona* que es trobi en les nostres mateixes circumstàncies. Si és així, direm que la resposta moral és *universalitzable* perquè, tot i ser una resposta personal, no és una resposta de moral privada i subjectiva, sinó la resposta que es podria esperar de qualsevol persona raonable.

Aquesta raonabilitat és, certament, un bon criteri d'objectivitat moral. Ara no anem del que és universal al que és particular —com quan partíem de lleis morals universals—, sinó que procedim a l'inrevés: partim de decisions morals personals i examinem si són decisions interessades —favorables a nosaltres— o bé decisions que també voldríem que fossin acceptades per qualsevol que es trobés en les nostres circumstàncies. Així, la llibertat ha assumit la seva responsabilitat moral, però no per privatitzar-la, sinó per compartir-la.

9.4. Diversitat i tolerància

En una democràcia pluralista, la vida moral col·lectiva abandona la unanimitat i s'instal·la en el diàleg. El diàleg, però, sempre pressuposa l'existència de diferències, tant en els judicis morals com en molts altres camps de l'experiència. De fet, la diferència no és un dret teòric que hàgim de reclamar, sinó que és una realitat indiscutible. I és que, si no fem cas dels eslògans, de les pressions del poder i dels desigs oficials, la diferència és —per definició— allò que ens dóna personalitat i relleu en un col·lectiu. Els poders públics, però, acostumen a usar mecanismes per evitar o, almenys, dissimular la discrepància, la divergència, la diferència. La unitat i la identitat són l'ideal proposat pel poder de torn per poder identificar i controlar millor els subjectes. D'aquí que els poders públics es plantegin una i altra vegada —cada cop amb més mitjans i més força— la unitat i la igualtat com a objectius propagandístics.

De vegades, però, són els ciutadans mateixos els que, en protestar contra injustícies flagrants, invoquen el principi igualitarista: «Tots els humans són iguals». Aquest principi, és clar, només és verdader a mitges. Perquè, el que és ben cert i obvi és que tots els humans som *diferents* i, a més, suportem greus *desigualtats*, sobretot pel que fa a la cultura i a les possibilitats socials. Les diferències ens constitueixen i han de ser reivindicades; les desigualtats se'ns imposen i han de ser eliminades. Per això, la reivindicació de la justícia i de la igualtat s'ha de fer sempre *després* d'haver reconegut la diferència. I és que, si tots els humans fóssim iguals, la reivindicació de *ser tractats* com a tals només seria una recomanació protocolària. Els humans, però, no en som d'iguals, sinó que els uns tenen més, saben més i viuen més, perquè poden més que els altres. I alguns altres potser saben més, tenen més i viuen més, perquè poden més en altres aspectes. Sempre n'hi ha, però, molts —massa— que tenen molt poc i que viuen molt poc, perquè poden molt poc. El que cal, doncs, no és tractar tots els humans com a iguals quan no en són, sinó tractar-los de manera que, tot i essent diferents, es puguin arribar a parlar de tu a tu entre ells.

Un projecte social just ha de voler, en definitiva, que tots arribin a tenir possibilitats semblants —un poder semblant— en el tenir, en el saber i en el viure. I això només es pot aconseguir si s'afavoreix una moral pública que valori la diferència i que lluiti contra la desigualtat. Si els pobres en un aspecte poden ser rics i poderosos en un altre, és que les riqueses i les mancances estan barrejades. Només el diàleg i la cooperació entre persones diferents poden ajudar a fer que aquestes persones es trobin cada dia en situacions menys desiguals. Gairebé podríem dir que la justícia —com a ideal d'igualtat entre els humans— només es pot assolir amb l'intercanvi de les riqueses, febleses i possibilitats que tots tenim a l'abast.

Quan la consciència de la diferència trobi eco en la consciència col·lectiva, s'hauran aplanat moltes dificultats per a qualsevol diàleg; llavors, la diferència serà només una diferència afegida, però no una diferència que vingui a destorbar la indiferència general. I la diferència —intraracial o interracial— ja no serà viscuda com una agressió sinó com un enriquiment. No sembla, però, que es pugui arribar a valorar de debò la diferència sense fomentar la tolerància.

Per veure bé la importància i el sentit de la tolerància, ens convé disposar d'un neologisme: *atolerància*.

Amb ell podrem distingir entre la persona tolerant, la intolerant i l'atolerant, tal com distingim, per exemple, entre moral, immoral i amoral, entre lògic, il·lògic i alògic, entre legal, il·legal i alegal, o entre polític, impolític i apolític. Totes aquestes tríades separen clarament el cas positiu del negatiu i de l'indefinit. En el mateix sentit, distingirem entre el tolerant —que està positivament disposat a admetre en els altres una manera de pensar, d'obrar, d'ésser, diferent de la pròpia—, l'intolerant —que està mancat de tolerància, en el sentit de no estar disposat a admetre en els altres una manera de pensar, d'obrar, d'ésser, diferent de la pròpia— i l'atolerant —que està mancat de tolerància, en el sentit de no ser ni tolerant ni intolerant, sinó de prescindir de la tolerància, d'estar-ne allunyat, de ser-hi indiferent.

L'atolerància passa molt més desapercebuda que la intolerància, però resulta, en conjunt, tant o més perillosa que ella. Perquè l'atolerància és la carència de tolerància i d'intolerància, és la indiferència respecte a la diferència i a la diversitat dels altres, és la indefinició i la insipidesa social. Potser ens podrem explicar millor l'extensió social de l'atolerància, si considerem tres formes d'indiferència pública emparentades amb ella:

a) Indiferència a l'hora de defensar opinions, de proclamar conviccions.

Quan no es defensen —o no es tenen— opinions, conviccions, és difícil que es tingui necessitat de reflexió, que s'apreciïn el matís i la diferència, que es cultivin la crítica i l'autocrítica. La manca de plantejaments personals fomenta la manca d'interès pels plantejaments i opcions dels altres.

b) Indiferència i insolidaritat amb les preocupacions i els interessos dels altres.

Ja hem vist que sovint es confonen el respecte i la indiferència. Es diu que es respecten les opinions i les opcions dels altres quan, de fet, s'ignoren. La manca d'interès pels altres fomenta sempre el desconeixement i el desinterès per la seva riquesa i per la seva diferència.

La permissivitat acrítica que sovint es fomenta i s'aplaudeix no és, doncs, senyal de tolerància, sinó més aviat d'atolerància, perquè —tal com ja deia sant Pau als corintis—, encara que tot sigui permès, no tot convé. La permissivitat irrestricta crea un clima social i moral que ni és enriquidor ni estimulant. (Per això, Popper formula la paradoxa de la tolerància: hi pot haver situacions en què, per defensar la llibertat, no puguem ser permissius i hàgim de ser intolerants. I és que, en certs moments, una tolerància total podria portar-nos a la contradicció d'acceptar que uns altres ens acabessin imposant la seva intolerància. En nom de la llibertat abstracta, hauríem ajudat a suprimir les llibertats reals.)

c) Indiferència a l'hora d'exposar i contraposar racionalment les diferències.

Alguns pensen que ser tolerant és rendible perquè així s'eviten tibantors, discussions i friccions. Els qui només defensen la tolerància per evitar mals pitjors, en tenen una visió negativa i esquifida. No han advertit que no ens podrem fer més humans cada dia sense posar en comú la riquesa de les nostres diferències. Ara bé, si no s'apren a fer debats rigorosos, a defensar arguments i a examinar la solidesa o la feblesa dels arguments dels altres, es va perdent també la capacitat de ser pacient amb posicions divergents, la capacitat de respectar-les, de conviure-hi, d'apreciar-les.

Sovint ens plantegem la tolerància mirant de reüll cap a persones o grups vinguts d'altres territoris o de contextos culturals molt diferents dels nostres. No s'ha d'oblidar, però, que és sobretot a l'interior de cada casa que es juga avui el present i el futur de la tolerància. Per això, un dels capítols més importants per fer avançar un urgentíssim diàleg *intercultural* consisteix a avançar en el diàleg *intracultural*, és a dir, en el diàleg de les diferències i de les semblances que, amb infinites formes i matisos, van creant una xarxa riquíssima de relacions entre tots.

Al final del recorregut, ens ho podem tornar a preguntar: A què em sento moralment obligat? Sobretot a mantenir viu un sentit moral crític i obert. Això es pot fomentar amb la millora del diàleg social, és a dir, amb el foment de la tolerància respectuosa i vigilant. Aquest és el camí que sembla garantir millor l'acompliment de dos objectius simultanis: l'estimació de la diferència i l'eradicació de la desigualtat. La diferència personalitza, el respecte dignifica, la desigualtat envileix. Comptat i debatut, la distinció moralment més important que es pot fer entre els humans és la que separa els que escalfen dels que esclafen.

10

Pensar i repensar-s'hi

En aquest llibre hem tocat una colla de preguntes força diverses, i en podríem haver abordat moltes altres. Només les hem tocat de manera exemplar, vull dir, com a exemples del que es pot fer en l'anàlisi i comprensió d'alguns conceptes. No hem pretès dir-hi l'última paraula, entre altres coses perquè, en aquestes temes, no hi ha cap paraula que sigui l'última. I ben mirat, tampoc no hi podem dir mai la primera paraula perquè, quan nosaltres ens posem a pensar, sempre només ens afegim a grans corrents de pensament que estan en marxa des de fa mil·lenis. Com qui diu, quan cadascú de nosaltres entra en una qüestió per pensar-la, sempre troba que la funció ja ha començat.

L'objectiu del llibre no era dir *què* s'havia de pensar, sinó més aviat *com* es podien pensar certes qüestions. Tanmateix, sovint també s'han fet suggeriments i propostes, i s'han criticat algunes doctrines habituals. No s'ha fet per una pruïja de novetat o d'originalitat, sinó perquè, en posar al descobert les deficiències de certs tics de pensament, s'han volgut explorar altres camins, potser més prometedors.

Pensar és una capacitat que, com totes, només es desplega bé amb un exercici adequat, que reclama entrenament i, doncs, disciplina. També podríem dir que aquestes pàgines han pretès afinar el pensament, esmolar-lo, fer-lo més agut, més tallant. L'educació i la maduresa humanes no haurien de comportar només un afinament dels sentits i dels sentiments, una major capacitació per a les relacions personals o un augment de la qualificació professional, sinó que també haurien de millorar la destresa en la comprensió de la realitat i haurien d'afavorir, doncs, el rigor en el pensament, la subtilesa dels judicis i l'oportunitat de l'acció.

Confio que hagi quedat prou clar que es volien defugir sobretot dues coses, igualment perilloses: d'una banda, el pensament pla, incapaç de modular i de matisar, potser per falta de recursos; d'altra banda, el pensament espès, ple de grumolls ideològics, incapaç d'aclarir i de discernir, potser per massa aglomeració d'idees d'un mateix tipus. L'estil reflexiu que s'ha proposat aquí no ha volgut contribuir, en cap cas, a complicar la vida, però sí que ha volgut mostrar-ne la complexitat. No es tractava d'afegir complicacions, però tampoc de treure'n. L'honestedat és una virtut intel·lectual de primer ordre. I l'honestedat convida a evitar tant la xerrameca sorollosa i il·luminada com el pensament esquerp i taciturn.

El llibre ha consistit en una invitació al pensament reflexiu —crític i autocrític—, un pensament que no és fàcil —perquè no es vol deixar anar—, però que tampoc no aspira a ser difícil —com si sempre s'hagués d'esforçar per complicar-se la vida amb sofisticacions innecessàries o per portar la contrària. Si alguna cosa caracteritza el pensament reflexiu és que és un pensament *atent*, en el doble sentit, d'estar atent a la realitat i de tenir-hi una actitud amable. El pensament reflexiu del ciutadà adult s'ha d'anar obrint camí enmig dels problemes; per això es mou sempre entre allò que es pensa i allò que es pot pensar.

Fins aquí hem procurat exercitar-nos en el pensar: hem pensat coses i hem preparat les eines per repensar-les. Ara, en l'últim tram del recorregut, podem reflexionar sobre l'activitat feta, sobre la importància del pensar.

10.1. Per què és important pensar?

La pregunta de l'últim capítol del llibre tampoc no té una resposta trivial, automàtica, encara que a primera vista pugui semblar supèrflua. I és que podríem estar temptats de bandejar-la dient: «No hi ha un perquè especial: pensar és important perquè sí; ho és i prou.» Si ens la tornem a mirar bé, però, veurem que la pregunta no és tan òbvia com sembla. Hi ha sobretot dues coses que ens poden despistar en aquest interrogant: d'una banda el «per què»; de l'altra, el seu caràcter molt general.

El «per què» de la pregunta no és com altres perquès que hem trobat en aquest llibre. Ja sabem que quan preguntem, per exemple, «Per què s'ha trencat la cama en Lluís?», no sempre preguntem el mateix; de vegades en volem saber la causa —i contestem coses com ara «perquè ha caigut de l'escala»—, i de vegades en volem saber la raó —i diem coses com «perquè s'ha enfilat a les fosques». És fàcil, doncs, que, temptats per aquestes respostes habituals, ens vulguem plantejar la pregunta «Per què és important pensar?» de manera semblant. Això ens farà buscar alguna resposta del tipus de «Pensar és important *perquè...*». Si ho fem, però, no arribarem a cap bona resposta.

I és que aquí no estem pas interessats en les *causes* del pensar com ho puguin estar, per exemple, els psicòlegs o els neuròlegs. A nosaltres, no ens interessa conèixer l'activitat cerebral en el procés de pensar, sinó que ens interessa el concepte de «pensar», és a dir, ens interessa aclarir què volem dir quan diem que algú pensa, quins criteris tenim per dir que algú ho fa, o quines són les complexes relacions que hi ha entre «pensar» i altres verbs psicològics com ara «rumiar», «esbrinar», «calcular» o «intuir», per exemple. Ja es veu, però, que aquestes consideracions no depenen pas dels avenços científics en neurofisiología. Perquè encara que coneguem ben bé el funcionament del cervell o els comportaments i estats de consciència dels individus en diferents moments i circumstàncies, malgrat tot encara haurem de veure si aquells individus pensen o no, o si les coses que diuen i fan expressen «coneixements», «creences» o «opinions».

El neuròleg ens pot dir quin comportament té una persona quan diem que pensa. Però el neuròleg no és qui ens ensenya a usar el verb «pensar». Tant ell com nosaltres n'hem après l'ús al carrer, a l'escola, a casa o al laboratori. Per tant, ni el neuròleg ni el psicòleg no ens diuen què és pensar, sinó que ens diuen què passa en el cervell quan fem allò que anomenem «pensar». Amb els seus estudis empírics, ells donen suport científic a un ús de pensar que és previ a aquest suport i independent d'ell. És aquest ús allò que nosaltres volem examinar: en volem veure les connotacions, les connexions, els matisos, les implicacions. Si en el capítol anterior hem vist que la ciència no és un fonament necessari per a la moral —perquè les dades de la ciència són rellevants però no decisives per a la moral—, ara també podem dir que les dades de la ciència són rellevants per a la nostra reflexió, però no la poden suplantar. I és que, quan examinem el concepte de pensar, en podem examinar tots els usos, també els que en fan neuròlegs i psicòlegs.

Potser es podria creure que, si no ens interessen les causes del pensar, almenys ens n'interessen les *raons*. Això podria fer sospitar que potser pensem *perquè* pensar ha donat bon resultat. Si fos així, els resultats serien *la raó* del nostre hàbit de pensar. No sembla, però, que les coses vagin per aquí: de vegades, es pensa perquè ha donat bon resultat; per exemple, fem càlculs meteorològics perquè això *sovint* dóna bons resultats, certament més bons que no pas tirar les cartes o refiar-se del reuma. Però, continuem pensant fins i tot quan no sabem quin resultat donarà o encara que temem que el nostre pensar no doni bon resultat. Tampoc no direm que eduquem els fills o vivim en grups *perquè* això hagi donat bon resultat: és evident que l'educació o el viure en comunitat *han donat* bons resultats —si *sempre* n'haguessin donat de dolents, ja ens n'hauríem desacostumat—, però no és cert, en canvi, que eduquem o vivim junts *només* pels resultats, no és cert que ells siguin *la raó* que ho continuem fent.

Semblantment, quan pensem obtenim resultats; sovint, bons resultats. Però nosaltres no pensem pas *pels* resultats, és a dir, pensant en els resultats. I és que no sembla que hi hagi *una* raó que sigui *la raó* que pugui justificar, de manera general i abstracta, *per què* és important pensar. En moments diversos el nostre pensar té justificacions diverses i, per tant, raons molt diverses, que no poden ser dilucidades de manera general.

De fet, la segona cosa que ens pot despistar en la pregunta «Per què és important pensar?» és precisament aquest seu caràcter tan general. Passa molt sovint que una pregunta general provoca una resposta també general i vaga: es tracta d'una mena de reacció intel·lectual que no és, de fet, una resposta, sinó només una manera d'esquivar la pregunta; com quan ens passa alguna cosa molt a prop de la cara i fem un gest amb la mà per mirar d'escampar-la. I és que ser capaç de *reaccionar* davant una pregunta —no quedar-se mut davant la pregunta—, no vol pas dir *haver respost* la pregunta; *contestar a la pregunta* no és encara *contestar la pregunta*.

I, tanmateix, si ara algú diu «Bé, però, pensar ha estat molt important *perquè* ha tingut conseqüències molt importants», pot arribar a semblar que finalment disposem d'una bona raó general de la importància del pensar. Aquí l'aparença enganya: aquest *perquè* ens camufla una raó que, de fet, no dóna. És ben cert que la història de la humanitat ha deixat rastres immensos, ben visibles, de l'activitat reflexiva dels col·lectius humans, que han anat pensant, imaginant i projectant moltes coses. En aquest sentit, pensar ha estat molt important, tan important que la història i la vida dels humans haurien estat molt diferents si aquests no haguessin tingut i desenvolupat la capacitat genèrica de pensar. Però amb això, no estem pas donant cap *raó* —cap *perquè*— de la importància del pensar, sinó que estem simplement aclarint *què vol dir* que pensar és important: i vol dir que té —i que ha tingut— *conseqüències* importants.

Heus aquí, doncs, un nou ús de «perquè», que no es refereix a causes o a raons que expliquen alguna cosa, sinó que es refereix al sentit d'una expressió que queda aclarit i precisat. El llenguatge corrent i la filosofia fan servir sovint aquest «perquè» i, de vegades, s'hi confonen. Quan diem, per exemple, «sóc feliç *perquè* estic content», «faig això *perquè* vull» o «la ferida em fa mal *perquè* em cou», no estem pas donant —com sovint pensem— causes o raons de la felicitat, de l'acció o del mal, sinó que només estem oferint aclariments i matisos sobre el sentit dels termes. Se sap que un «perquè» és d'aquesta mena quan pot ser substituït en l'oració per un «vol dir»; si fem la substitució en els nostres exemples, tindrem que les tres frases anteriors tenen el mateix sentit que aquestes tres: «"sóc feliç" vol dir "estic content"», «"faig això" vol dir "vull fer això"», «"la ferida em fa mal" vol dir "la ferida em cou"». Així, allà on semblava que es podia parlar de causes o de raons, descobrim que només es feia un aclariment del sentit.

Això acaba de confirmar l'extraordinària importància del llenguatge per al pensament o, tal com acabem de veure, les conseqüències importants que es deriven d'un bon ús o d'un mal ús del llenguatge. Entre els éssers coneguts, els humans som els únics que tenim aquesta possibilitat de finor intel·lectual. De fet, són les diferències en el llenguatge les que fan evidents les diferències existents entre les espècies animals. Un gos, per exemple, pot esperar que el seu amo torni, però no pot esperar que torni *demà*. Això depèn d'una possibilitat de *classificar* i *precisar* períodes de temps que el llenguatge humà té, però el llenguatge dels gossos, no.

Així, doncs, per contestar bé una pregunta tan general com «Per què és important pensar?», no ens podem refiar de respostes generals, sinó que hem de recórrer a casos i exemples. Hem de ser capaços de contestar una colla d'altres preguntes: *sempre* és important pensar?; i *en quin sentit* ho és, d'important?; què vol dir aquí *pensar*: vol dir rumiar, estar concentrat, fixar-s'hi, especular, imaginar, tenir idees...? Perquè, de totes aquestes coses, i de moltes altres, en diem, d'una manera un xic vaga, *pensar*.

Per això, la primera providència que hem de prendre davant de preguntes com aquesta és dir: «Depèn. Parlem-ne». Perquè, *de vegades*, pot ser molt important pensar, però, de vegades, en canvi, no gaire. (Per exemple, si «pensar» vol dir «fixar-s'hi», pensar no serà gaire important per al pianista professional, que toca de memòria, sense pensar; el pianista aprenent, en canvi, s'hi fixa i s'hi pensa.) La importància del pensar rau en el fet que pensar té conseqüències importants, encara que aquestes conseqüències siguin d'ordre molt divers, segons les circumstàncies.

Que tots pensem és un fet. La manera de pensar, el com pensem, heus aquí el fet diferencial entre nosaltres. Al llarg de la història s'han anat enginyant camins, maneres i mètodes per pensar. No és pas ben indiferent que adoptem una manera o una altra.

10.2. Manera i mètode

Hi ha llibres que han de parlar del mètode a la primera pàgina. Tenen una visió *arquitectònica* del coneixement: un edifici sòlid necessita, és clar, uns bons fonaments i uns bons plànols, perquè cada pis s'alça sobre la base del pis anterior. Nosaltres, en canvi, podem parlar del mètode al final del llibre, perquè no veiem el coneixement com un edifici sinó més aviat com una xarxa. I com que la xarxa no necessita fonaments, el mètode deixa de tenir també un paper fonamental. Això no vol pas dir que rebutgem de tenir mètode. Si de cas, només ho vol dir en un sentit: rebutgem haver-nos de decidir a favor d'*un sol* mètode, perquè ja no en necessitem un sinó molts.

En aquest plantejament, no podem pas decidir per endavant quins són els mètodes que necessitem. Això no passa ni amb les eines d'una caixa d'eines, perquè no hi ha cap caixa d'eines, per bona que sigui, que pugui estar preparada per a qualsevol reparació *possible*. La utilitat d'una eina *depèn* sempre de la reparació que es vol fer. I un mètode, és clar, no és pas un instrument que es pugui aplicar de manera mecànica. A la vida ens plantegem problemes que no són simples reparacions i que, per tant, no poden ser resolts amb cap caixa d'eines imaginable: al cap del dia no hem d'arreglar només la moto o clavar un clau, sinó que hem de fer moltes altres coses tan diverses com ara triar una vivenda, mirar de trobar feina, educar els fills o fer la declaració de la renda. A més, la immensa majoria dels nostres problemes quotidians no són simples problemes pràctics, sinó que estan entortolligats amb molts problemes teòrics, sovint ben complexos.

Es fa, doncs, difícil de creure, que per abordar adequadament els molts i diversos problemes que tenim, ens puguem acontentar amb un sol mètode, ni tan sols amb uns quants. Certament, no podem pas procedir de la mateixa manera quan volem descobrir la veritat d'afirmacions diverses, o quan ens plantegem la moralitat del suïcidi o de la mentida, quan dubtem de la certesa de les nostres creences, o quan considerem el caràcter objectiu o subjectiu del bé i de la bellesa. No hi ha cap mètode que sigui *el* mètode igualment adequat a *totes* aquestes famílies de casos.

Resulta urgent, doncs, que ens decidim a capgirar la manera habitual de plantejar el paper del mètode: no és el mètode el que ens ha de dir com hem de tractar les qüestions, sinó que són les qüestions mateixes les que ens diuen com han de ser tractades. El mètode no és previ al problema, sinó posterior a ell: el coneixement del mètode ve del coneixement del problema que s'hagi de tractar.

Aquesta observació tan important presenta una dificultat que convé discutir. Es podria objectar que, si el mètode ve donat pel problema que s'ha de tractar, llavors cada problema *ja* indicarà el mètode que li correspon i cada problema tindrà *una i només una* manera de ser tractat. Acceptar això, però, seria com tornar a acceptar allò que rebutjàvem: que no hi pot haver un mètode que ja estigui fixat *abans* de plantejar-se *efectivament* el problema. L'objecció és interessant perquè ens recorda que, quan fugim d'un prejudici filosòfic, hem d'evitar de tirar-nos als braços d'un prejudici semblant o pitjor.

Tanmateix, no és així com s'ha d'interpretar la proposta feta aquí. Que el mètode vingui donat pel problema que s'ha de tractar, no vol pas dir que el mètode ens vingui *marcat* o *prefixat*. El problema només ens indica en quin camp estem i què hem de tenir en compte; no ens diu, en canvi, què hem de fer, com hem de procedir. Així, els problemes matemàtics no poden ser plantejats com a problemes estètics —tot i que hi ha qüestions d'estètica quan es fa matemàtiques—, i els problemes estètics no són pas sempre iguals quan es parla de pintura, de moda o d'estil literari. En cada cas, s'ha d'estar atent *a la manera* que té de presentar-se el problema, perquè, com sempre, el problema no és res si no es té en compte *com* es presenta.

No es tracta, doncs, de triar, en abstracte, un mètode per després aplicar-lo, sinó que es tracta d'examinar en concret el problema per mirar de resoldre'l. L'important és això: no volem sotmetre el problema al mètode sinó que volem adoptar un mètode per a cada problema.

Això connecta, de fet, amb una idea antiga: pensar ve sempre després dels fets, mai abans. O bé formulat d'una altra manera: pensar és mirar d'entendre la realitat, una realitat que ajudem a fer però que no inventem. Per pensar, primer hem d'experimentar els problemes com a realitat, hem d'experimentar la realitat dels problemes. Per això també és tan important que sapiguem distingir entre tipus de problemes i entre problemes amb més o menys gruix de realitat. I és que ens podem inventar molts problemes, però serà difícil que aprenguem a tractar problemes si només ens enfrontem a problemes inventats.

Accentuar la prioritat dels problemes enfront de les nostres respostes i solucions és d'una gran importància filosòfica i democràtica. Constatar que hi ha problemes que no sempre sabem resoldre —per molt que ho intentem o vulguem—, ens fa filosòficament cauts. Comprovar que els problemes conceptuals tenen, per definició, moltes solucions, ens fa democràticament tolerants. (Encara que acceptéssim una frase de sentit tan dubtós com «la realitat és com és», hauríem d'acceptar també que, davant la realitat, es pot reaccionar molt diversament: no solament perquè la realitat es pot interpretar de formes diferents, sinó també perquè es pot triar de deixar-la incanviada o es pot mirar de canviar-la de mil maneres.)

La manera de pensar que es defensa aquí podria ser vista com «la filosofia del depèn», si amb això no s'entengués que volem afavorir el pensament relativista, segons el qual, com que cada punt de vista és relatiu, tots els punts de vista són igualment bons. Ja hem rebutjat expressament aquest disbarat. Quan defensem el *depèn* a l'hora de pensar, no protegim el relativisme, sinó que fem una cosa ben diferent: diem que el pensar aclaridor i crític no s'ha de concentrar en grans principis, en formulacions abstractes o en idees generals, sinó que ha de donar importància als *mitjans* de discussió, als *contextos* dels problemes, a la *descripció* de casos concrets.

Pensar bé *depèn* de saber fer bé això. El nostre *depèn*, doncs, no vol deixar les coses penjades sinó que més aviat les vol concretar: és una reivindicació no del mètode abstracte sinó de la manera concreta, no del què genèric sinó del com particular, no del fi vague sinó del mitjà precís. És una reivindicació del pensar que no disposa de receptes infal·libles però que té recursos poderosos que s'han d'aplicar sempre amb calma, pas a pas, de manera cauta, pacient, rigorosa, sense precipitacions però també sense pors infundades. Una manera de pensar que dóna a cada pas la seva importància i que sap que no avança qui vol sinó només qui fa camí; perquè la realitat no s'entén sola, sinó que només es pot arribar a entendre quan es posen els mitjans per mirar d'entendre-la.

10.3. La vida no és el que sembla

Per entendre la realitat, hi ha una primera mesura de cautela: tenir sempre present que la vida no és el que sembla. Amb això no defenso pas la tesi —platònica— segons la qual allò que nosaltres veiem només és com una ombra de la realitat autèntica que s'amaga darrere les aparences i que és impossible —o molt difícil— de descobrir. No vull dir això, sinó una cosa força més elemental, que respon a una experiència comuna: les coses no són tan simples com a primera vista poden semblar; la vida i la realitat sovint són força més complicades del que ens pensem. No estic distingint, doncs, entre dos tipus de realitat —la que apareix i una altra—, sinó que simplement subratllo que la realitat pren formes i aparences molt diverses que convé saber examinar amb compte.

I també, és clar, amb paciència. En el camp del pensament, la pressa és una mala consellera. Malauradament, les tecnologies pròpies dels mitjans de comunicació de masses ens estan acostumant a grans titulars, a resums ràpids, a formulacions curtes, a opinions accelerades. Tot això dificulta enormement el matís i la subtilesa, i afavoreix la superficialitat. Per contrarestar-ho, resulta aconsellable seguir la recomanació de Wittgenstein: «No pensis, mira!». És una recomanació sorprenent —sobretot perquè ens ve d'un filòsof—, però molt sàvia. I és que, davant de molts fets, tendim —de manera quasi irrefrenable— a suposar, pressuposar o interpretar, quan el que hauríem de fer és mirar, examinar, observar, comparar. Només després d'això podem passar a interpretar, explicar i opinar. Un judici massa ràpid gairebé sempre respon a un prejudici. Perquè, si no tenim temps d'examinar allò que se'ns presenta, fàcilment la nostra opinió vindrà només condicionada per formació o informació prèvies, i acabarà prescindint de les noves dades.

Un pensament atent i cautelós ha d'afavorir el desplegament d'allò que vol entendre, n'ha de poder examinar les condicions i les raons. Per això és tan important afinar en la *descripció* dels fenòmens. Moltes coses guanyen intel·ligibilitat i, en conseqüència, queden ben explicades, ben explicitades, pel sol fet d'estar ben desplegades, ben descrites; ens passa quan considerem una teoria, una solució matemàtica o una discussió qualsevol: un cop desplegades davant els ulls les diverses posicions, un cop vistos els passos fets i els arguments defensats, allò que semblava incomprensible resulta intel·ligible, i allò que només era un malentès queda en evidència.

El «No pensis, mira!» no s'ha d'entendre, és clar, com una recomanació conservadora: no es recomana que es miri la realitat perquè s'accepti necessàriament tal com es presenta, sinó només per tenir ben clara la trama de la realitat i poder descobrir, precisament, les diferències que hi pugui haver entre realitats aparentment iguals o semblants. Perquè allò que, a primera vista, sembla pura realitat, no sempre és obvi, clar, natural. En aquest punt convé tornar a recordar la importància de prestar atenció al llenguatge, no solament per fer descripcions millors dels casos que s'examinen, sinó també perquè el llenguatge mateix sovint ens envolta i fascina amb les seves imatges, les seves analogies o les seves trampes retòriques.

Les trampes del llenguatge ens impedeixen sovint d'entendre el sentit d'una oració i ens porten a malinterpretar una realitat determinada. Per això sempre és molt útil examinar el context en què s'usen les oracions o en què apareixen els fets. La descripció de la realitat és, doncs, una descripció dels contextos en què la realitat apareix: és a partir d'aquesta descripció que podem saber de què va i quin sentit té allò que estem examinant.

Ja es veu, doncs, que no hi ha cap model fix per aprendre a pensar bé. Pensar no es pot imposar com un model; només es pot proposar com un exemple sempre renovable, com un exemple que ha de ser contrastat constantment amb l'exemple d'altres. Hi ha dues coses de què ningú no pot presumir: de pensar millor que els altres, i de ser l'únic que pensa. Per això és tan important el diàleg. L'intercanvi de pensaments, però, només esdevé objectivament interessant quan també és intel·lectualment interessat, és a dir, quan s'hi busca el millor argument, el desplegament de les millors raons. Segurament que la millor manera d'anar al diàleg és fer-ho amb la disposició expressada per la dita de Popper: «Pot ser que tu tinguis raó; jo podria estar equivocat.» És una mesura de prudència autocrítica que obliga a sortir d'un mateix: en un diàleg responsable, ningú no té cap obligació de convèncer els altres, sinó només d'escoltar-ne les raons i de valorar-les. Deixem que la força dels arguments i la sensibilitat personal facin la resta. No cal mesurar els mèrits pels èxits. I l'èxit d'un bon diàleg no s'acostuma a mesurar pel seu resultat. Al capdavall, l'experiència ensenya que les males raons també convencen.

10.4. Un mai acabar

El diàleg, com el pensar, és un mai acabar. No solament perquè sempre poden aparèixer temes nous de reflexió o opinions noves, sinó també —i sobretot— perquè allò mateix que s'examina adquireix aspectes inesperadament nous quan s'aborda amb uns altres arguments o des d'angles diferents, quan es compara a uns casos o a uns altres.

Que pensar no s'acabi mai, però, no vol pas dir que no hi hagi cap meta o que la meta sigui inabastable. El sol fet de poder enfocar les qüestions de maneres molt diverses, ja indica que és possible interrompre la reflexió sempre que es vulgui. La tasca del pensar només esdevé immensa, com qui diu, sobrehumana, quan es planteja com una tasca que cadascú ha de fer tot sol, de cop i del tot. Quan pensem, però, no hem de voler fer l'auditoria definitiva dels pensaments de la humanitat; en farem ben bé prou si som capaços de repassar uns quants comptes vells i de plantejar-ne uns quants de nous.

Pensar és important. Repensar-s'hi sempre té interès. Com en té jugar a escacs o fer poesia: quan se'n sap, per aprendre'n; quan se n'aprèn, per saber-ne. I allò que té interès també té novetat, encara que ho repetim moltes vegades. Com en té tornar a pujar a la mateixa muntanya o mirar i remirar les onades aparentment immòbils del mar. Certament, pensar és un mai acabar. És un recomençar una i altra vegada, sense retornar mai exactament al mateix punt de partida. Perquè quan repensem les coses, no les tornem a trobar mai ben bé com eren.

L'objectiu d'aquest llibre seria, ara que hem arribat al final, que cadascú n'hagués tret estímuls per al propi pensament. Això només era una invitació a pensar. Acabo, doncs, tal com he començat, però no acabo allà mateix. I el lector sempre pot anar encara més lluny. En paraules d'Aristòtil: «He dit, heu sentit, posseïu els arguments, judiqueu».

Índex